KB092840

엄마가 알려주는 우리 아이 스피치

세상에
발표 못하는
아이는 없다

거침없이 드러내고
마음껏 표현하라.
세상이 모두 당신 편일 것이다.

엄마가 알려주는 우리 아이 스피치

윤소윤 지음

Speech
Skill **Up**

세상에
발표 못하는
아이는 없다

LNN
도서출판 린

차례

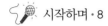 시작하며 · 8

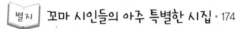

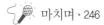

아이들은 왜 발표를 두려워할까요?

　목소리가 작은 아이, 논리적이지 못한 아이, 웅얼거리는 아이, 자신감 없는 아이……. 이들의 공통된 문제점은 표현 기술이 아니라 '정리되지 않은 생각'입니다. 소리가 작아서 발성 연습을 하고, 웅얼거리지 않기 위해 입을 크게 벌리는 연습을 한다고 해서 근본적인 문제가 해결되지는 않습니다.

　좋은 생각이 좋은 말이 됩니다. 정리된 생각이 정리된 말이 되고, 논리적인 생각이 논리적인 말이 됩니다. 오랜 기간 수많은 아이들과 스피치 고민을 함께한 결과 스피치에 적합한 생각 정리 툴을 개발했습니다. 발표 원고는 스피치를 위한 원고여야 합니다. 단지 읽히기 위한 글쓰기와는 구별되어야 합니다.

　스피치에 모범답안은 없습니다. 말하기는 복합적이고 통합적인 영역입니다. 한 아이가 말을 할 때는 그 아이의 성격, 인성, 지식, 인문학적 소양, 특유의 화법 등 다양한 요소들이 복합되어 생각이 이루어지고 그 아이만의 표현법으로 타인에게 전달되는 것입니다. 사람들은 모두 다 다른 성격과 개성을 가지고 있습니다. 발표할 때도 아이들의 각기 다른 성격과 개성은 반드시 존중되어야 합니다.

　발음이 좀 좋지 않아도, 목소리가 조금 작아도 괜찮습니다. 중요한 것은 얼마나 유창하게 말하느냐가 아니라 무엇을 얼마나 나답게 전달하느냐입니다. 엄마는 자녀에게 말 잘하는 누군가를 따라 하도록 할 것이 아니라 가장 우리 아이다

인간에게 가장 중요한 능력은 자기표현이며,
현대의 경영이나 관리는 스피치에 의해서 좌우된다.

세계적인 미래학자 피터 드러커 (Peter Drucker)

운 모습은 무엇인지 아이가 하고 싶은 이야기는 무엇인지를 알아주어야 합니다.

우리 아이의 스피치 코치는 엄마여야 합니다. 아이를 누구보다 가장 잘 알고, 누구보다 아이의 성장을 지지하고, 있는 그대로의 모습을 사랑해 줄 수 있기 때문입니다.

이 책에서는 일상 대화 코칭법부터 스피치 훈련을 위한 방송 놀이법까지 엄마와 함께 놀면서 스피치 훈련을 할 수 있는 다양한 방법들이 쉽고 재미있게 소개되어 있습니다. 아이는 '방송 놀이'를 통해 스피치 훈련뿐 아니라 자신의 생각을 명쾌하게 정리하는 '생각코딩법'을 함께 습득하게 될 것입니다. 그리고 누구보다 발표를 즐기고 사랑하는 아이로 성장하게 될 것입니다.

이 책 한 권으로 엄마가 노련한 스피치 선생님이 될 수 있도록 키즈 스피치 전문가로서 활동하며 습득한 모든 노하우를 담았습니다.

세상에 발표 못하는 아이는 없습니다. 스피치 영재는 타고나는 것이 아닙니다. 부디 이 책을 통해 대한민국의 모든 아이들이 자신의 생각을 당당하게 표현하고, 기회가 다가온 순간 물러서지 않고 낚아채어 주도적인 삶을 사는 아이로 성장하기 바랍니다.

좋은 생각이 좋은 말이 됩니다.
정리된 생각이 정리된 말이 되고
논리적인 생각이 논리적인 말이 됩니다.

제1장

생각코딩
스피치

세상에 발표 못하는
아이는 없다

발표는 왜 어려울까?

긴장되니까요.

왜 긴장이 될까?

음…… 뭐라고 말해야 할지 모르니까요. 그리고 제 생각이 틀릴까 봐서요!

매년 초등학교에서 키즈 스피치 수업을 시작할 때면 맨 먼저 아이들에게 발표를 두려워하는 이유에 대해 물어봅니다. 발표에 대한 불안과 두려움의 원인은 다양하지만 그중에서도 특히 아이들이 가장 많이 꼽는 이유는 다음과 같습니다.

"뭐라고 말해야 할지 몰라서요."

"틀릴까 봐서요."

이런 이유 때문에 발표를 두려워하는 것은 아마도 당연하다고 봅니다. 틀릴까 봐 마음이 조마조마한 상태에서 발표가 제대로 진행될 리 없으니까요. 친구들 앞에 서면 덜컥 겁부터 납니다. 애써 용기를 내어 입을 떼긴 했는데 너무 긴장한 나머지 머릿속이 새하얗게 텅 비어 버립니다. 기억을 되짚어 가며 안간힘을 써 보지만 친구들은 아랑곳하지 않고 왁자지껄 떠들어 대기만 합니다. 결국 아이는 금방이라도 울 것 같은 얼굴로 자리로 돌아옵니다. '내일도 수행평가 발표가 있는데······.' 아이를 짓누르는 고민은 다시 시작됩니다.

대체로 아이들 발표에서 자주 보게 되는 상황입니다. 이런 자녀를 둔 엄마는 아이의 발표 불안에 걱정이 이만저만이 아닙니다. '인터넷에 검색해 보니 복식호흡을 하면 목소리가 커진다던데!' 엄마는 아이와 함께 "아! 아!" 하며 목소리 키우는 연습도 해 봅니다. 하지만 아이의 목소리는 좀처럼 커질 기미가 보이지 않습니다. 대부분의 아이들은 소리를 크게 내지 못해서 목소리가 작은 게 아닙니다. 심리적인 긴장감이나 발표에 대한 두려움이 원인일 수 있습니다. 뒤죽박죽 생각이 정리되지 않아서 주저하다 보니 기어 들어가는 목소리로 발표를 하게 되는 것이지요. 이런 아이에게 무턱대고 발성 훈련을 시킨다고 해서 발표력이 좋아지는 건 아닙니다. 발표가 두려운 근본적인 원인을 찾아 해소해 주는 것이 우선입니다.

📃 남 앞에서 발표하는 것을 두려워하는 아이

"이 주제에 대해 이야기해 볼 사람?"

선생님의 말 한마디에 여기저기 친구들이 손을 들고 아우성을 칩니다. 그런 와중에도 선생님의 눈을 피해 요리조리 눈치만 보고 있는 아이도 있습니다. 하지만 그 아이에게도 어김없이 발표 차례는 돌아옵니다. 순서에 떠밀려 겨우 아이들 앞에 선 아이, 입술만 삐죽거리다 결국 울음을 터트리고 맙니다. 친구들이 다 보는 앞에서 한마디도 못하고 울고 들어간 이 친구는 이제 발표하는 게 더 어려워질 것입니다. 발표 불안을 겪는 아이에게 도전을 강요하면 오히려 역효과를 가져올 수 있습니다. 긴장감을 없애기 위해 반복적으로 무대에서 보게 하는 것도 중요하지만, 유독 심하게 긴장하는 아이라면 이야기가 다릅니다. 충분한 준비가 되지 않은 상태에서 발표만을 강요한다면 이런 아이는 아예 발표를 포기해 버릴 것입니다.

💬 울던 아이, 꼬마 강사 되다!

남들 앞에서 발표하는 것을 유달리 두려워하던 친구가 있었습니다. 다른 친구들과 함께 스피치 수업을 받는 게 불가능할 테니 개인 수업을 진행해 달라는 학부모의 부탁이 있었습니다. 수업 첫날, 마주 보고 앉아서 "하은아, 선생님에게 자기소개 해 볼래?"라고 했더니 하은이는 멀뚱멀뚱 쳐다만 보다가 이내 울음을 터트렸습니다. 한참을 서럽게 우는 터라 발표는 고사하고 대화조차 불가능했습니다. 하은이가 조금 진정되고 난 후에 "하은아, 왜 울었어?" 하고 물으니, 하은이는 한참을 생각하다가 "모르겠어요."라고 대답했습니다.

"그럼 우리 발표 말고 심리 테스트해 볼까?" 이렇게 말하며 준비해 온 워크북을 모두 집어넣고 DISC 성격유형검사 1920년 윌리엄 몰턴 마르스틴 박사가 개발한 검사로 인간의 행동유형을 D, I, S, C(D: 주도형, I: 사교형, S:안정형, C: 분석형) 네 가지로 나눔. 종이를 꺼냈습니다. 아이의 성격 유형을 검사해 보니 결과는 S(안정형). 하은이는 안정을 추구하고 급격한 변화를 싫어하는 성격이었습니다. 이런 아이에게 '발표'라는 낯선 상황을 만들었으니 당연히 두려웠을 것입니다. 결과를 설명해 주며 하은이가 느끼는 긴장감에 대해 공감해 주자 그제야 싱긋 웃었습니다. 그날 이후부터 한 달 동안 발표시간은 갖지 않고 놀이 위주로 수업을 진행했습니다.

우선 '풍선 불기, 휴지 불기, 종이컵 멀리 보내기' 등 흥미 위주의 게임을 통해 발음, 발성, 호흡 훈련을 시도했습니다. 신나는 놀이를 통해 감정을 밖으로 발산하는 훈련을 하자 하은이의 몸과 마음이 조금씩 이완되기 시작했습니다. 그 후 시를 읽어 가며 자연스럽게 감정을 교감해 갔습니다. 서로 간의 신뢰가 어느 정도 쌓인 뒤에는 책을 읽고 주인공을 인터뷰하는 형식의 리포터 놀이를 했습니다. 이것도 적응이 되자 이번에는 일어나서 방 안을 뛰어다니며 역할극을 해 보았습니다. 어느새 스피치 수업시간에 하은이의 웃음소리가 끝없이 울려 퍼졌습니다.

이렇게 한 달쯤 지나자 하은이의 마음이 열리기 시작했습니다. 드디어 '뭐야, 말하기는 재미있는 거잖아?'라고 생각하기 시작한 것입니다. 수업시간마다 하은이가 말하는 모습을 영상으로 기록해서 예능처럼 재미있게 편집한 후 하은이에게 보여 주었습니다. 처음에는 촬영에 대해 경기할 정도로 거부감을 느끼던 아이가 한 달이 지나자 조금씩 촬영을 즐기기 시작했습니다. 그럴싸하게 편집된 자기 영상을 보니 마치 TV에 나오는 탤런트가 된 기분이 들었는지 꽤 흥미를 느끼는 것 같았습니다. 하은이는 가족들과 함께 영상을 보며 깔깔 웃기도 하고, 가족의 칭찬과 격려에 우쭐해하면서 의욕이 넘치고 자신감이 생긴 표정이었습니다.

드디어 하은이 스스로 발표를 잘하고 싶은 욕심이 생겼습니다. 그중 가장 큰 변화는 아이 스스로 문제점을 찾고 개선하기 시작했다는 점입니다. 혼자 연습하는 시간도 길어지고, 영상을 어떻게 찍으면 좋을지 아이디어를 내며 주도적으로 촬영을 진행하기도 했습니다. 선생님과 마주 앉아 대화하는 것도 힘들어하던 아이가 퀴즈쇼 진행자가 되기도 하고, 자신의 인생 계획에 대해 프레젠테이션하는 것을 뛰어넘어 '내가 생각하는 아름다움이란 무엇인가'라는 주제로 미니 강연을 촬영할 수 있게 된 것입니다. 실로 5개월 만에 이뤄낸 성과였습니다.

어떻게 이런 놀라운 일이 가능했을까요?

만약 하은이에게 일방적으로 발표만을 강요했다면 하은이의 발표 불안은 결코 극복되지 못했을 것입니다. 스피치 테크닉에 집중해 단점을 고치려고 시도하기보다는 아이의 타고난 성향을 받아들이면서 자연스럽게 말과 친해지는 시간을 갖게 하는 것이 무엇보다 중요합니다.

하은이는 마음을 열고 스스로의 한계를 극복하기 시작했고, 자신감을 찾아갔습니다. 발표를 두려워하는 아이를 무작정 남들 앞에 세울 것이 아니라, 먼저 그런 두려움의 원인을 찾아서 함께 문제를 해결해 나가야 합니다.

말을 잘하기 위한 요소에는 크게 두 가지가 있습니다.

1. 말의 내용
2. 표현 기술

자신감이 없고 목소리가 작은 아이, 횡설수설하여 말에 두서가 없거나, 말을 더듬는 아이들의 발표 불안 증상은 기술상의 문제만은 아닙니다. 그럼에도 불구하고 대개의 스피치 프로그램에서는 표면적인 문제에만 집중해서 발음과 발성 연습만 시킵니다. 이것은 밑 빠진 독에 물 붓기와 같습니다. 발표 불안은 단순 반복으로 극복할 수 있는 기술의 문제가 아니기 때문입니다.

아이들이 가지고 있는 스피치 문제점의 대부분은 '불안'에서 오는 심리적인 문제입니다. 불안은 정리되지 않은 생각에서 옵니다. 아이들이 말을 잘하기 위해 집중적으로 훈련해야 할 것은 표현기술이 아니라 '생각을 정리하는 기술'입니다. 이 세상에 발표 못하는 아이는 없습니다. 엄마의 작은 관심만 있다면 모든 아이는 변화할 수 있습니다. '공부'가 아닌 엄마와 함께하는 '놀이' 속에서 배우는 특별한 엄마표 키즈 스피치 수업을 통해 아이는 모두의 기대를 뛰어넘어 이 시대를 이끌어 갈 진정한 리더로 성장할 것입니다.

발표 영재는
발표 원고를 쓰지 않는다

"오늘은 자기소개를 하는 날이에요. 발표하기 전에 각자 자기소개를 준비할 시간을 줄게요."

사각사각사각······.
교실에서는 빠르게 연필 끄적이는 소리가 들립니다.
발표 원고를 얼추 쓴 한 아이가 손을 번쩍 들고 질문합니다.

"선생님 이거 외워서 발표해야 돼요?"

교실에 있던 친구들이 모두 귀를 쫑긋 세웁니다.

"음······ 외워서 발표하는 게 좋겠지?"

선생님의 대답에 여기저기서 탄식 소리가 터져 나옵니다.

"아~!", "이걸 어떻게 다 외워서 해요!", "망했다!"

"이거 발표할 거야."라고 선생님이 말씀하시면 아이들은 반사적으로 "외워서 해야 돼요?" 하고 물어보는데, 이런 교실의 풍경이 낯설지 않습니다.

'자기소개'는 말 그대로 나에 대한 소개입니다. 남에 대한 소개도 아니고 그저 '나'에 대해 솔직하게 얘기하기만 하면 되는데 아이들은 왜 그것을 외운다고 생각할까요?

💬 스피치를 위한 글쓰기는 달라야 한다

글을 쓸 때는 두 가지 방향이 있습니다.

1. 글을 위한 글쓰기
2. 말을 위한 글쓰기

글을 위한 글쓰기와 말을 위한 글쓰기는 달라야 합니다. 하지만 대부분의 아이들이 말을 하기 위해 작성하는 '스피치 원고'를 글을 위한 글로 작성하는 게 문제의 시작입니다. 일반적인 발표 준비 단계를 살펴보겠습니다.

안녕하세요. 저는 둔촌초등학교 3학년 5반 윤소윤입니다.
저는 오렌지 같은 사람입니다.
오렌지는 상큼하고 생각만 해도 기분이 좋아지는 과일입니다.
저도 오렌지처럼 밝고 긍정적인 성격입니다.
저의 꿈은 배우가 되는 것입니다. 왜냐하면 많은 사람들에게 기쁨을 주고 싶기 때문입니다.
저는 커서 꼭 배우가 될 것입니다!
여러분들이 많이 응원해 주시기 바랍니다! 감사합니다!

아이들은 발표할 일이 생기면 우선 종이를 꺼내 발표할 내용을 빼곡히 글로 적어 봅니다.

윗글에서 성격을 사물에 빗대어 표현한 것이 참신하네요. 장래희망과 그 직업을 꿈꾸는 이유에 대해서도 정확하게 적었습니다. 그리고 자연스러운 마무리 멘트까지! 완벽한 자기소개서가 완성됐습니다. 이제 원고를 달달 외우기 시작합니다. 여러 번 반복해서 연습도 합니다.

대망의 발표시간! 아이는 일단 자신감 있게 친구들 앞에 섭니다.

안녕하세요! 저는~ ↗ 둔촌초등학교 ~ ↘ 3학년 ~↗
5반~ ↘ 윤소윤 ~ ↗입니다!…… 음…… 그리고…….

순간 아이의 눈동자가 교실 천장을 향합니다. 이어 다음 말이 생각나지 않자 아이는 손과 발을 꼼지락거리기 시작합니다. 눈동자를 굴리며 한참을 생각하니 번뜩! 기억이 납니다.

"아! 저는 오렌지 같은 사람입니다. 제 꿈은 배우입니다. 맞다! 저는 밝고 긍정적이라 오렌지 같은 사람입니다. 제 꿈은 배우입니다. 왜냐하면 기쁨을 주고 싶기 때문입니다. 감사합니다 ……."

"망했다." 아이는 나지막이 중얼거리며 속상한 표정을 짓고 자리로 돌아갑니다.

발표 원고도 잘 썼고, 연습도 열심히 했는데 몇 줄 되지 않는 자기소개를 왜 이렇게 두서없이 마쳤을까요?

💬 스스로를 가두는 모범답안

스피치 주제가 정해지면 머릿속이 복잡해집니다. 정리가 필요하겠죠. 아이들은 생각을 문장으로 나열해 쓰면서 정리합니다. 그리고 그것이 최종적으로 발표 원고가 됩니다. 이렇게 작성한 원고는 발표 '정답지'일 뿐입니다.

아이들에게는 발표 주제가 풀어야 할 하나의 문제로 인식되고 자신이 작성한 발표 원고가 정답지가 되는 것입니다. 정답을 만들었으니 오답도 생겼습니다. 아이들은 앞에 나와서 발표할 때 미리 작성해 둔 발표 원고와 다르게 문장의 순서를 바꿔 말하거나, 같은 의미의 문장을 다른 단어를 사용해서 설명하게 되면 그것을 오답이라고 생각합니다. 발표 원고를 빽빽한 문장으로 작성함으로써 스스로 정답을 만들고 그 속에 갇혀 '틀리지 않을까?' 하는 불안이 생기는 것입니다.

아이들은 원고를 다 쓰고 나면 달달 외우기 시작합니다. 자기를 알리는 글을 쓰고도 마치 남을 소개하는 글인 것처럼 외웁니다. 원고와 토씨 하나 틀리지 않도록 연습하고 또 연습하면서 텍스트 자체를 완벽하게 몸에 익힙니다. 이렇게 연습하다 보면 나중에는 다르게 말해 보려 해도 다르게 말할 수 없는 상태가 됩니다.

발표 자세가 산만한 아이

드디어 발표시간이 시작되면 아이들은 문장으로 정리해 외워 둔 생각들을 줄줄 말하기 시작합니다. 말의 속도도 음도 일정해서 마치 로봇 같습니다. 이렇게 발표하는 아이들은 대개 다음 말이 생각나지 않으면 눈동자를 위로 치켜뜨며 생각합니다. 무의식적으로 머릿속에 외워 둔 원고를 보려고 하기 때문입니다. 그래도 생각나지 않으면 점점 초초해져 손발을 떨거나 꼼지락거리기 시작합니다. 그러는 사이에 발표 자세는 이미 엉망이 됩니다.

이런 아이에게 "시선은 정면, 자세는 바르게!"라고 외친다고 해서 바른 자세로 발표할 수 있는 것은 아닙니다.

두서없이 발표하는 아이

원고 내용

안녕하세요. 저는 둔촌초등학교 3학년 5반 윤소윤입니다.
저는 오렌지 같은 사람입니다. 오렌지는 상큼하고 생각만 해도 기분이 좋아지는 과일입니다. 저도 오렌지처럼 밝고 긍정적인 성격입니다. 저의 꿈은 배우가 되는 것입니다.
왜냐하면 많은 사람들에게 기쁨을 주고 싶기 때문입니다. 저는 커서 꼭 배우가 될 것입니다! 여러분들이 많이 응원해 주시기 바랍니다! 감사합니다!

실제 발표 내용

안녕하세요. 저는 둔촌초등학교 3학년 5반 윤소윤입니다. …… 그리고……
아! 저는 오렌지 같은 사람입니다. 그리고 저의 꿈은 배우가 되는 것입니다. 맞다!
저는 밝고 긍정적이라 오렌지 같은 사람입니다. 저의 꿈은 배우입니다.
왜냐하면 ……
배우가 멋져 보였기 때문입니다. 감사합니다…….

발표 원고를 논리적으로 작성했다면 발표도 논리적으로 진행되어야 합니다. 하지만 문제는 원고 내용을 그대로 발표하는 것이 매우 어렵다는 것입니다. 아이들은 심리적으로 자신이 작성한 원고대로만 발표하려는 경향이 있습니다. 그 결과, 말하다 빼먹은 문장이 있으면 하던 말을 멈추고 문맥과 전혀 상관없이 앞서 하던 이야기로 돌아가 빠트린 이야기를 합니다. 그런 다음 계속 이야기하다 보면 아까 이야기했던 내용을 또 말하게 되고 그쯤 되면 발표 내용은 뒤죽박죽 모두 엉켜 버립니다. '두서없다', '논리적이지 못하다'고 지적받는 아이들의 전형적인 특징입니다. 이런 친구들에게 "버벅거리지 말고 또박또박 말해 봐!"라고 코치하는 것은 사실상 무의미합니다.

로봇처럼 발표하는 아이

아이들은 스피치 원고를 문어체로 작성합니다. 문어체는 주로 글에서 쓰는 말투를 말합니다. 예를 들어 '가족들과 함께 여행을 가게 되었습니다.'와 같은 문장들이 그렇습니다. 문제는 문어체로 작성한 원고를 문어체 그대로 발표한다는 점입니다. 평소 말 잘하던 아이도 발표 자리에 서면 말투가 부자연스럽고 딱딱해집니다. 예를 들어 '되었습니다', '하였습니다' 라는 표현은 문어체에서 사용하는 딱딱한 표현입니다. 발표를 할 때에는 구어체로 바꿔 '됐습니다', '했습니다'라고 표현하는 것이 자연스럽습니다.

'저의 꿈은 배우가 되는 것입니다.'보다는 '제 꿈은 배우입니다.', '저는 배우를 꿈꾸고 있어요.', '전 커서 배우가 될 거예요.'라고 말하는 편이 훨씬 자연스럽게 들립니다. 자연스럽게 평소 자신이 사용하는 말투로 예의를 갖춰 말한다면 문장의 구조나 형식은 크게 중요하지 않습니다.

'저의 꿈은 배우가 되는 것입니다.'라고 작성한 아이에게 작성한 대로 읽기를 강요한다면 아이는 그 이상 창의적인 표현을 할 수 없게 됩니다. 평소에 사용하는 말투가 아닌 발표를 위한 글을 단순히 외운 것에 불과하기 때문에 초등학생들 특유의 어색한 리듬이 생깁니다. 산만한 발표 자세, 두서없는 내용 전개, 로봇처럼 딱딱한 말투를 가진 아이들의 근본적인 문제는 기술적인 화법 때문이 아닙니다.

　자신의 생각을 글로 쓴 후 단순히 외우는 데서 문제가 시작됩니다. 외우는 발표는 아이들의 창의성을 제한합니다. 자신의 언어로 편안하게 생각을 정리하고 발표할 수 있을 때 아이들의 표현력과 발표력이 성장하는 것은 당연한 일입니다.

💬 발표 영재는 발표 원고를 쓰지 않는다

　말을 잘하는 친구는 자기소개를 이렇게 합니다.

> 안녕하세요! 저는 둔촌초등학교 3학년 5반 윤소윤입니다!
> 여러분 오렌지 좋아하시나요? 저는 오렌지 같은 사람이에요.
> '오렌지' 하면 어떤 것들이 생각나시나요?
> ......
> (청중) 주황색! 시다! 상큼하다!
>
> 맞습니다. 오렌지는 상큼하고 생각만 해도 기분이 좋아지는 싱그러운 과일입니다!
> 저도 오렌지처럼 사람들을 기분 좋게 해 주는 밝고 긍정적인 성격입니다.
> 그래서 더 많은 사람들의 기분을 좋게 해 주기 위해 커서 배우가 되고 싶어요!
> 여러분이 많이 응원해 주세요~! 감사합니다!

　분명 같은 원고인데 이렇게 표현하니 전혀 다른 느낌이 들지요? 초등학생이 이처럼 센스 있게 자기소개를 하다니 놀랄 일입니다. 밝고 유쾌한 에너지가 청중에게 그대로 전달되는 느낌이 들지요. 심지어 청중에게 질문도 합니다. 그런 다음 자기의 성격과 장래희망을 연관 지어 세련된 전개를 보여 줍니다. 이 친구는 반 친구들에게 가장 강렬한 첫인상을 남겼을 것입니다.

이 친구는 어떻게 이렇게 잘 발표할 수 있었을까요?

발표 원고를 구구절절 문장으로 작성하지 않는다면 누구나 이렇게 멋지게 발표할 수 있습니다.

● **생각코딩 스피치 원고**

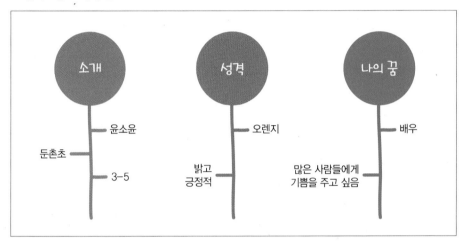

발표를 잘하는 아이들은 발표 원고를 핵심 키워드로만 작성합니다. 먼저 자신이 말할 내용의 큰 흐름을 설정합니다.

1. 자기소개
2. 성격(나를 표현하는 단어)
3. 나의 꿈

그런 다음 큰 흐름 속에 들어가야 할 중요 내용들을 요약하여 간략하게 정리합니다. 그리고 아이들은 정리된 자신의 생각을 스스로 이해하는 단계가 반드시 필요합니다. 발표 원고를 문장으로 작성하면 어느 정도 생각이 정리되기는 하지만 정리된 자신의 생각을 말로 제대로 표현하기에는 부족합니다. 자신이 정리한 생각을 스스로 이해하지 못했기 때문에 외우게 되고, 외웠기 때문에 부자연스럽고 딱딱하게 발표하게 되는 것입니다.

위와 같이 발표 원고를 본인이 이해하기 쉽도록 이미지화해서 핵심 키워드 위주로 작성하면 비교적 자유롭게 스피치할 수 있습니다. 써 둔 문장들을 외우지 않아도 말할 내용과 순서가 정리되기 때문입니다. 문어체로 작성하지 않았기 때문에 본인의 언어와 표현법으로 자유롭게 말할 수 있습니다. 필요에 따라서 때로는 청중과 소통할 수 있을 뿐 아니라 상황에 맞게 응용하고 활용할 수 있습니다.

말하기 전에 생각을 구조화하는 작업을 반복적으로 훈련하다 보면 나중에는 손으로 써 보지 않아도 자연스레 말의 논리가 서기 시작합니다. 핵심을 파악하고 내용을 목적에 맞게 배열하는 과정을 통해 논리적으로 사고하는 법을 습득하게 됩니다.

기회의 순간은 예고 없이 찾아옵니다. 언제나 발표 전에 원고를 작성할 만한 충분한 시간이 주어지는 것은 아닙니다.

발표 원고는 글을 위한 원고가 아니라 말을 위한 원고여야 합니다. 스피치 원고는 생각을 정리해 흐름에 맞게 구조화하는 작업이면 충분합니다. 생각을 간단하고 명쾌하게 정리하는 원리만 안다면 아이들에게 발표의 순간은 더 이상 두려움의 순간이 아니라 기회의 순간이 될 것입니다.

스피치 영재는 타고나는 것이 아닙니다. 말을 위한 글, 스피치 맞춤형 생각 풍선 원고 작성법만 알면 누구나 스피치 영재가 될 수 있습니다.

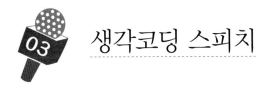

생각코딩 스피치

좋은 생각이 좋은 말이 됩니다. 정리된 생각이 정리된 말이 되고, 논리적인 생각이 논리적인 말이 됩니다. 목소리가 작은 아이, 논리적이지 못한 아이, 웅얼거리는 아이, 말이 많은 아이, 자신감 없는 아이들처럼 스피치 훈련이 필요한 다양한 유형의 아이들에게서 볼 수 있는 공통적인 원인은 '정리되지 않은 생각' 때문입니다. 말 잘하는 아이로 키우기 위해 엄마가 놓치지 않고 길러 주어야 할 것은 생각하고 궁리하는 힘, 즉 '사고력'입니다. 그리고 논리적인 스피치를 위해서는 생각해 보는 것에서 멈추는 것이 아니라 자유롭게 사고해 낸 생각들을 표현하기 위해 스피치에 적합하게 재배열하고 구성하는 과정이 필요합니다.

복잡한 머릿속을 한 방에 정리할 수 있는 비법! 《생각코딩 스피치》에서 그 해결책을 찾았습니다.

💬 **말을 잘하고 싶다면 내 생각을 외우지 말고 스스로에게 이해시켜라**

아이들이 발표 원고를 작성하는 것은 생각을 정리하기 위한 도구로 활용되어야 합니다. 스스로 자유롭게 재배열하고 활용할 수 있도록 간단하고 명료하게 작성되어야 합니다.

컴퓨터에 한꺼번에 너무 많은 창을 띄워 놓으면 랙이 걸리는 경우가 있습니다. 혹은 컴퓨터가 아예 멈춰 버리거나 띵띵띵 소리를 내며 프로그램끼리 엉켜 더 이상 작업이 불가능한 상황이 생기기도 합니다. 누구든 이런 일은 한 번쯤 겪어 보았을 것입니다. 생각을 제대로 정리하지 않은 상태에서 하는 스피치는 컴퓨터의 랙 걸림 현상과 매우 유사합니다.

생각한 대로 말이 술술 나와야 하는데 갑자기 머릿속이 하얘지며 멈춰 버리거나 버벅거리게 되는 현상, 그것이 바로 '스피치 랙'입니다.

컴퓨터는 명령과 실행으로 이루어져 있습니다. 우리의 몸이 컴퓨터라면 '생각 = 명령 , 스피치 = 실행'으로 볼 수 있습니다. 컴퓨터나 인공지능이 어떤 기능이나 행동을 하기 위해서는 프로그램을 입력하는 '코딩'주어진 명령을 컴퓨터가 이해할 수 있는 언어로 입력하는 것.이라는 작업이 필요합니다.

💬 말하기가 제대로 실행되기 위해서는 생각을 코딩하는 작업이 필요하다

컴퓨터가 '입력 － 처리 － 실행'의 프로세스로 움직인다면
스피치는 '생각 － 생각코딩 － 표현'의 프로세스로 움직입니다.

하지만 대부분의 아이들은 생각코딩 단계를 거치지 않고 바로 표현 단계로 넘어갑니다. 내 생각을 이해하는 생각코딩 작업을 거치지 않고 바로 스피치를 시작하기 때문에 '말하기'가 제대로 실행되지 않고 '스피치랙'이 걸립니다. 머리가 하얘지고 버벅거리고 우물쭈물 자신 없이 발표하게 되는 스피치랙 현상, 이것은 생각코딩이 제대로 되지 않았기 때문에 생기는 것입니다.

문장으로 쓴 원고는 왜 생각코딩이 되지 않을까?

일반적으로 아이들이 쓰는 발표 원고도 생각을 정리하기 위함인데, 왜 생각 코딩이 되지 않을까요?

나열해서 쓴 문장들은 아이들의 머리로는 이해하기 너무 어려운 신호이기 때문입니다. 컴퓨터에 '컴퓨터가 이해하기 쉬운 언어'로 명령을 입력해 주는 '코딩'이 있다면, 제대로 말하기 위해서는 머릿속에도 자신이 이해하기 가장 쉬운 도구를 활용해 '생각을 코딩'하는 단계가 반드시 필요합니다. 그런 의미에서 생각코딩 언어는 단순하고 명확해야 합니다. 내용의 핵심 주제를 분류하고 카테고리별로 기억하기 쉽도록 이미지화하여 작성해야합니다.

원고 내용

〈정리되지 않은 머릿속〉

안녕하세요.
저는 둔촌초등학교 3학년 5반 윤소윤입니다.
저는 오렌지 같은 사람입니다.
오렌지는 상큼하고 생각만 해도
기분이 좋아지는 과일입니다.
저도 오렌지처럼 밝고 긍정적인 성격입니다.
저의 꿈은 배우가 되는 것입니다.
왜냐하면 많은 사람들에게 기쁨을 주고 싶기
때문입니다. 저는 커서 꼭 배우가 될 것입니다!
여러분들이 많이 응원해 주시기 바랍니다!
감사합니다!

복잡하고 체계화되어 있지 않은 발표 원고를 생각코딩에 최적화된 언어로 바꿔 주기 위해서는 다음과 같이 한눈에 들어오도록 간단하고 명료하게 정리해 주어야 합니다.

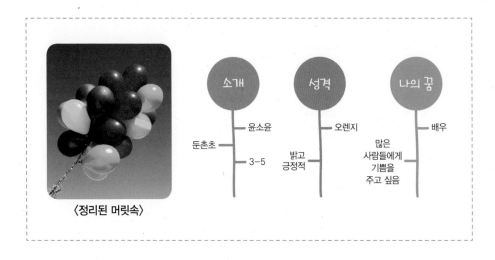

〈정리된 머릿속〉

💬 생각풍선으로 복잡한 머릿속을 한 방에 정리하는 방법!

아이들이 이해하기 쉽도록 스피치 원고를 이미지화하기 위해 생각코딩 스피치에서는 풍선 모양의 생각 정리 도구를 활용합니다. 이를 '생각풍선'이라고 합니다. 생각풍선은 키즈 스피치 전문가로서 다양한 유형의 아이들을 코칭한 결과 직접 개발해 낸 스피치에 최적화된 생각 정리 도구입니다. 생각풍선은 기억하기 쉽도록 말할 내용을 핵심 키워드 위주로 정리한 뒤, 이 생각풍선 도구를 활용해 생각을 코딩하는 것입니다.

현장에서 아이들과 생각풍선을 활용해서 원고를 작성하고 스피치 수업을 진행해 본 결과 생각코딩 스피치는 발표 실력 향상에만 영향을 주는 것이 아니었습니다. 가장 주목할 만한 점은 학생들이 스스로 이 도구를 개발하고 응용해서 본인에게 맞는 '나만의 생각풍선 원고 작성법'을 찾는다는 것입니다. 이것은 하나의 정형화된 툴에 자기의 생각을 끼워 맞춰 사용하는 게 아니라 자기에게 가장 알맞은 스피치 툴을 스스로 만들어 사용한다는 점에서 의미가 있습니다.

본 수업을 진행하다 보면 "선생님, 저 이제 긴장되지 않아요!", "자신감이 생겼어요.", "빨리 발표하고 싶어요!"라는 피드백을 받습니다. 생각코딩 스피치 기법이 이제까지 아이들의 발목을 잡던 '뭐라고 말해야 할지 몰라서'와 '틀릴까 봐서'에 대한 불안 심리를 해소해 주었기 때문입니다.

생각코딩 스피치는 다음과 같은 효과가 있습니다.
1. 완벽한 준비가 가능하다.
2. 자신감이 생긴다.
3. 발표 불안이 극복된다.
4. 발표가 쉬워진다.
5. 가장 '나답게' 발표할 수 있다.

💬 자신감은 완벽한 준비과정에서 생긴다

이제 아이들은 간단하고 명료하게 생각이 정리됨으로써 어렵게만 느껴졌던 발표가 쉬워집니다. '불안'은 내가 아는 것과 모르는 것을 정확히 알지 못하기 때문에 생깁니다. 생각풍선으로 발표 내용을 정리하면 모르는 것과 아는 것을 정확하게 구분할 수 있습니다. 이해하지 못한 부분 위주로 연습할 수 있기 때문에 준비시간이 짧고 시간 대비 최대의 효과를 낼 수 있습니다.

이렇게 빈틈없이 완벽하게 준비되면 자신감이 생깁니다. 뽐내고 인정받고 싶은 욕구가 강한 아이들은 빨리 발표하지 못해 안달이 나기도 합니다. 원고가 더 이상 '정답지'가 아니기 때문에 자유롭게 발표할 수 있습니다. 실제로 같은 주제로 같은 내용을 발표하더라도 아이들마다 표현하는 방식과 화법이 모두 다릅니다. 생각풍선을 활용해 스피치를 준비한 아이들은 천편일률적으로 발표하는 것이 아니라, 마치 나에게 가장 잘 어울리는 옷을 입은 것처럼 가장 자기다운 모습으로 자유롭고 당당하게 청중 앞에서 자신의 의견을 이야기합니다.

● 생각코딩 스피치 3단계

1단계	2단계	3단계
브레인스토밍	생각풍선 작성	생각코딩

1단계 브레인스토밍 단계

브레인스토밍 단계는 발표에 앞서 아이디어를 수집하는 단계입니다. 주제가 정해지면 먼저 종이에다 생각나는 것을 모두 적습니다.

브레인스토밍
(brainstorming)

머릿속의 생각을 마구잡이로
꺼내 오는 작업

맘스 코칭 Tip

브레인스토밍 원칙

❶ "생각나는 건 뭐든지 좋아!" ⇨ 두려움 없이 아이디어를 내놓을 수 있도록 해 주세요.

❷ "재미있는 생각인데?" ⇨ 엉뚱한 생각도 환영해 주세요.

❸ "또 어떤 것이 있을까?" ⇨ 가능한 많은 생각을 적을 수 있도록 격려해 주세요.

❹ "그때 기분은 어땠어?" ⇨ 고민하는 아이에게는 적절한 질문을 해 주세요.

때로는 엉뚱한 생각이 가장 창의적인 아이디어가 됩니다. 기발한 비유로 활용되거나 좋은 예시가 되기도 하죠. 아이디어를 수집하는 단계에서는 한계가 없어야 합니다. 가능한 많은 생각들을 끄집어내는 것이 좋습니다. 스스로 생각해 내기를 어려워한다면, 엄마의 적절한 질문이 아이의 생각을 자극할 수 있습니다. "관련된 일은 어떤 것이 있었지?", "물건에 비유하면 어떤 것들이 있을까?", "기분은 어땠어?", "좋은 점은 뭘까?" 등등 엄마가 주제에 맞게 생각할 거리를 적절히 제공해 준다면 아이는 조금 더 많이 생각해 낼 수 있답니다.

2단계 생각풍선 작성

　　브레인스토밍을 통해 확산되어 있는 생각을 분류하는 작업으로, 생각을 코딩하기 위한 가장 중요한 단계입니다. 생각풍선을 작성해 보며 말의 논리(뼈대)를 세우고 살을 붙이는 작업을 합니다.

▶ 생각풍선 이해하기

다음의 단어들을 보고 풍선에 들어갈 단어를 맞혀 보세요.

수영, 축구, 펜싱, 육상,
야구, 농구, 배구, 스케이트,
스쿼시, 배드민턴……

김밥, 치킨, 자장면, 피자,
오징어볶음, 삼겹살,
시금치, 스테이크……

• 상위 개념

운동

• 하위 개념

수영, 축구, 펜싱, 육상,
야구, 농구, 배구, 스케이트,
스쿼시, 배드민턴……

• 상위 개념

음식

• 하위 개념

김밥, 치킨, 자장면, 피자,
오징어볶음, 삼겹살,
시금치, 스테이크……

하위 개념에 스피치 내용이 들어간다면, 풍선 속에는 상위 개념으로 각각의 스피치 내용을 대표할 수 있는 핵심 키워드를 작성합니다. 처음에는 생각풍선 원고를 작성하는 것이 어려울 수도 있습니다. 내용에서 핵심을 찾아내는 것이 쉽지 않기 때문입니다.

생각풍선으로 원고를 처음 작성할 때는 먼저 상위 개념을 설정하고 나열하기보다는 브레인스토밍을 통해 생각해 낸 아이디어들을 관련 있는 것들끼리 묶어 보면서 큰 틀이 될 주제 풍선을 분류해 보면 조금 더 수월하게 할 수 있습니다. 이를 반복적으로 연습하다 보면 나중에는 말할 내용의 핵심들을 먼저 뽑아 큰 흐름을 정한 뒤, 그에 맞게 내용을 구성할 수 있게 됩니다.

▶ 생각풍선 구성

생각코딩 스피치의 원고 구성은 크게 세 가지의 생각풍선으로 이루어집니다.

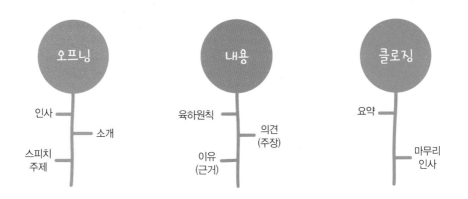

오프닝에서는 인사와 자기소개, 오늘 이야기할 주제에 대해 설명합니다. 그리고 주제에 맞게 논리적인 흐름으로 내용을 구성합니다. 클로징에서는 앞서 했던 내용을 한 번 더 요약해 주며 마무리하게 됩니다. 주제나 목적이 달라져도 세 가지의 생각풍선 구성을 기억하면 쉽게 발표 원고를 작성할 수 있습니다.

이렇게 생각풍선을 작성해 보는 과정에서 내용의 핵심 파악을 반복적으로 훈련함으로써 말의 요지를 잘 파악하게 되고, 군더더기 없이 깔끔한 내용을 구성할 수 있게 됩니다.

상위 개념과 하위 개념을 키워드로 정리해 개별 풍선을 완성한 후에는 필요하다면 스피치의 흐름에 맞게 풍선들을 재배열하는 작업을 거칩니다.

3단계 생각코딩 단계

이해하기 쉽도록 생각풍선으로 원고를 만들었다면, 이제 머릿속에 코딩하는 작업이 필요합니다. 생각풍선을 보고 자신의 생각을 이해할 수 있는 시간을 가집니다. 그리고 실전처럼 연습을 해 봅니다.

앞으로 엄마와 함께하는 스피치 수업에서 발표 전 원고를 만들 때는 모두 생각풍선으로 작성할 수 있도록 해 주세요. 자신만의 스피치 원고를 작성하고 활용하는 과정에서 엄마는 도우미 역할이면 충분합니다. 생각코딩 스피치의 목적은 아이가 발표 전에 스스로 원고를 작성하고, 생각코딩 작업을 거쳐 본인만의 스타일로 자신 있고 당당하게 발표할 수 있도록 하는 것입니다. 생각코딩 스피치는 엄마와 함께하는 '키즈 스피치 놀이'를 통해 엄마가 아이에게 전해 주는 스피치 비법의 핵심인 셈이죠. 엄마와의 여정을 함께하며 아이는 자연스레 스피치 테크닉뿐만 아니라 말을 잘하기 위해 반드시 필요한 논리력, 창의력, 기획력, 통합 사고력을 체득하게 될 것입니다.

❶ 실전 연습에서는 생각풍선 원고를 보면서 발표하지 않도록 해 주세요.

❷ 하다가 막히는 부분이 생기더라도 아이가 발표를 멈추지 않고 생각나는 만큼 이야기해서 끝마무리할 수 있도록 격려해 주세요.

❸ 엄마는 아이가 막히는 부분을 생각풍선 원고에 체크해 주세요.

❹ 위 순서로 첫 번째 발표 연습을 마친 뒤, 아이에게 다시 한 번 생각풍선 원고를 보여 줍니다.

❺ 기억나지 않았던 부분을 중점적으로 연습하여 다시 생각풍선들을 머릿속에 코딩할 수 있는 시간을 주세요.

❻ 이 작업을 여러 번 반복할 수 있도록 해 주세요.

이 과정을 반복하다 보면 실제로 몇 번 하지 않고도 내용이 자연스럽게 머릿속에 코딩됩니다. 그리고 반복할 때마다 매번 표현도 조금씩 달라지며, 말하다 보면 더 좋은 예시가 생각나기도 합니다. 이런 경우는 좋은 현상이므로 아이의 의견을 적극 반영하여 생각풍선을 보완하며 완성해 갈 수 있도록 합니다.

생각풍선 툴을 이용해 생각을 코딩하는 작업을 엄마와 함께 연습하는 사이에 아이는 스스로 생각코딩 과정을 습득할 것입니다. 나중에는 아이 혼자 이 과정을 할 수 있도록 유도해 주시는 것이 좋습니다.

1. 자기소개 편

새 학기가 되거나, 학원을 옮겼을 때처럼 사람들을 처음 만나는 자리에서는 자기소개를 해야 할 때가 많습니다. 언제 어디서든 자신 있게 자기소개를 할 수 있도록 엄마와 함께 미리 준비해 보면 어떨까요? 다음 사례를 참고하여 멋진 자기소개를 만들어 보세요.

1. 브레인스토밍 단계

자기에 관해 생각나는 모든 것들을 적습니다.

2. 생각풍선 작성

브레인스토밍한 아이디어 중에서 친구에게 알리고 싶은 것들을 선택해 봅니다.

선택한 것들을 생각풍선 툴을 활용해 분류합니다.

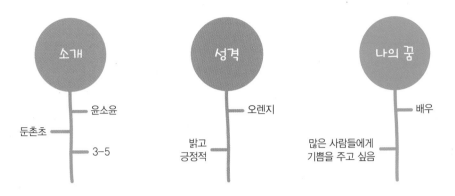

깊은 인상을 남기려면 나를 단어로 표현하라

🔍 나를 단어로 표현한다면?

저는 [   ] 같은 사람입니다.

나를 물건이나 사물의 색깔 등에 비유하여 표현하면 인상 깊은 첫인상을 남길 수 있습니다. "저는 밝고 긍정적인 사람입니다."라고 이야기하는 것보다 "저는 오렌지 같은 사람입니다." 라고 먼저 사물에 빗대어 표현하는 것이 다른 사람들의 기억에 오래 남을 수 있습니다. 다음은 수업 중에 실제 아이들이 단어로 자신을 표현해 자기소개를 한 내용입니다.

"저는 '나무' 같은 사람입니다. 나무는 씨앗에서 시작해 비와 바람에도 굴하지 않고 무럭무럭 자라납니다. 저도 나무처럼 언제나 성장하는 사람입니다."

"저는 '전구' 같은 사람입니다. 어두운 곳을 환하게 밝혀 주는 전구처럼 저도 사람들의 마음을 환하게 밝혀 주는 좋은 에너지를 가지고 있답니다."

Work Book

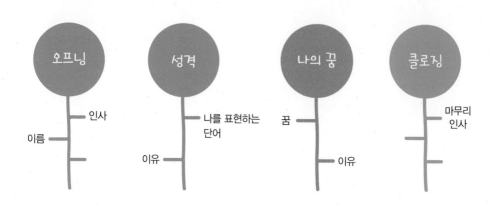

오프닝

성격

나의 꿈

클로징

인사

이름

나를 표현하는
단어

이유

꿈

이유

마무리
인사

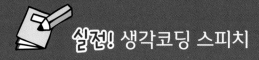

2. 회장 선거 연설문 편

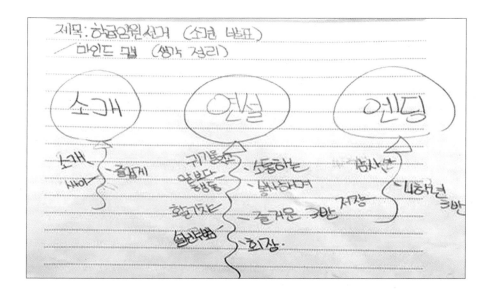

실제 발표 내용

안녕하세요. 싸이처럼 항상 열정적인 여자 싸이 장현정입니다.

제가 회장이 된다면 여러분 말에 귀 기울이고 소통하는!

말보다 행동으로 보여 주고 봉사하며!

활기차고 즐거운 3반이 되도록 언제나 솔선수범하는 회장이 되겠습니다.

감사합니다.

4학년 3반 친구들 내 마음속에 저장!

📱 발표 불안 현정이, 회장 선거에 나가다!

회장 선거 연설에 사용된 4학년 현정이의 생각풍선입니다. 현정이는 발표 불안이 심한 아이였습니다. 긴장하면 할 말을 몽땅 잊어버리는 화이트아웃 현상을 자주 겪었습니다. 하지만 생각코딩 스피치를 통해 발표 불안을 극복해 냈습니다. 머릿속에 말할 내용이 정확하게 코딩되어 아무리 긴장해도 이제는 더 이상 머릿속이 하얘지는 일이 없습니다. 요즘 현정이는 앞에 나가서 발표할 때 '발표를 사랑하는 장현정'이라고 소개할 만큼 말하는 것을 즐기게 되었습니다.

발표 불안을 극복한 현정이는 얼마 전 용기를 내 회장 선거에 출마했습니다. 같이 출마한 다른 친구들은 연설 내용을 적은 종이를 들고 와 읽으며 연설을 한 반면에 현정이는 대본 없이 자연스러운 말투와 적절한 제스처를 사용해 현정이다운 멋진 연설을 해냈습니다.

필승! 회장 선거 전략

❶ "핵심공약 세 가지를 약속드리겠습니다!"

회장 선거에 가장 중요한 것은 '공약'입니다. 공약은 너무 많거나 적은 것보다 세 가지 정도로 요약하는 것이 좋습니다. 듣는 사람도 기억하기 쉽고, 핵심만 요약했으므로 전달력을 높일 수 있습니다.

❷ 대본은 생각코딩으로 머릿속에!

회장 선거에 나온 대부분의 아이들은 연설할 때 종이를 들고 나와 줄줄 읽고 들어갑니다. 반을 이끌어 가야 할 리더는 반 친구들에게 신뢰감을 주는 것이 중요합니다. 반 친구들과 눈을 마주치며 진심을 전달해야 합니다. 원고를 생각풍선으로 만들어 머릿속에 정확하게 코딩한 뒤, 대본을 보지 않고 연설하는 것이 좋습니다.

❸ 나를 각인시켜라!

회장 선거는 여러 사람이 출마하기 때문에 나를 반 친구들에게 각인시키는 것이 중요합니다. 그냥 공약만 이야기하는 것보다 나를 기억할 수 있도록 퍼포먼스를 준비하는 것도 당선에 도움이 됩니다. 대통령 선거나 국회의원 선거를 할 때도 출마자들이 유권자에게 자신을 각인시키기 위해 유행가를 개사한 노래를 만든다거나, 유행어를 활용하기도 합니다. 학급 회장 선거에서도 사람들이 많이 아는 유행어나 유행가를 활용해 나를 표현하는 퍼포먼스를 해 보는 것도 도움이 된답니다.

💬 생각코딩 스피치 – 회장 선거 연설문 작성 사례 1

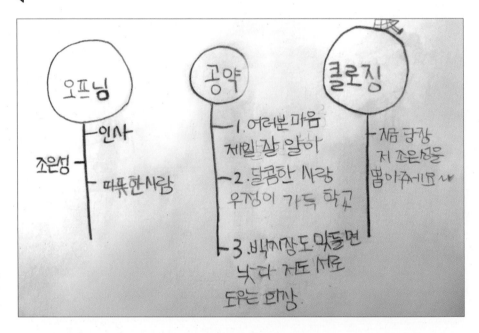

다음은 위 생각풍선 원고를 작성해서 생각을 코딩하고 연설한 내용입니다.

실제 발표 내용

"안녕하세요. 저는 회장 선거에 출마한 조은성입니다.

여러분 저는 손난로처럼 마음이 따뜻한 사람입니다.

제 따뜻한 마음으로 여러분께 세 가지를 약속드리겠습니다.

첫째, 여러분의 마음을 누구보다 잘 알아주는 회장이 되겠습니다.

둘째, 달콤한 사랑과 우정이 넘치는 학교를 만들겠습니다.

셋째, '백지장도 맞들면 낫다.'는 속담이 있죠. 이 속담처럼 서로서로 돕는 반을

만들겠습니다. 손난로 조은성! 저를 꼭 회장으로 뽑아 주세요! 감사합니다.

반드시 원고를 글이 아닌 생각풍선으로 작성할 수 있게 해 주세요.

🗨 생각코딩 스피치 – 회장 선거 연설문 작성 사례 2

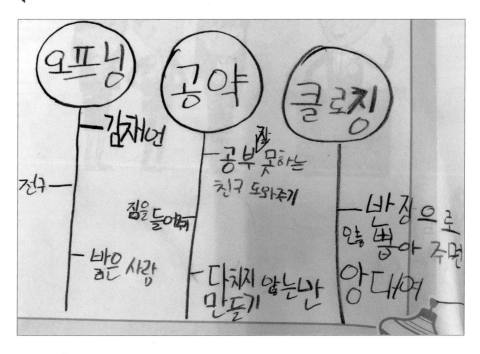

안녕하세요. 저는 회장 선거에 출마한 1학년 김채언입니다. 여러분, 저는 '전구' 같은 사람이에요. 주변을 환하게 밝혀 주는 아주 밝은 에너지를 가지고 있답니다. 그래서 저는 어두운 곳을 밝혀 주는 전구처럼 주변 사람들에게 꼭 필요한 사람입니다. 전구처럼 우리 반에도 꼭 필요한 회장이 되겠습니다. 저는 여러분들께 두 가지를 약속드리겠습니다.

첫째, 공부를 잘 못하는 친구도 열심히 도와주겠습니다.

둘째, 안전관리를 철저히 해서 아무도 다치지 않는 반을 만들겠습니다.

여러분! 김채언을 기억해 주세요.

저를 회장으로 뽑아 주지 않으면 앙대요~! (유행어)

Work Book

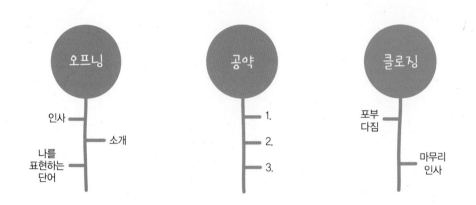

오프닝
- 인사
- 소개
- 나를 표현하는 단어

공약
- 1.
- 2.
- 3.

클로징
- 포부 다짐
- 마무리 인사

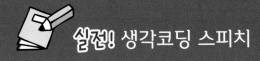

3. 주제 스피치 편

3학년 유진이는 생각코딩 스피치를 통해 말을 논리적으로 할 수 있게 되었습니다. 평소에도 책을 많이 읽어서 다른 친구들보다 표현력이 뛰어났습니다. 하지만 말하고 싶고 표현하고 싶은 것이 많다 보니 말이 길어지는 단점이 있었습니다. 유진이는 생각풍선을 활용해 말할 내용을 정리하고 나니 말이 훨씬 조리 있고 간결해졌습니다. 거의 1년간 스피치 수업을 받은 터라 생각풍선을 작성하고 연습하는 시간이 눈에 띄게 줄어들었습니다. 주제가 정해지면 원고 작성을 하지 않고도 자신의 생각을 웬만큼 논리적으로 잘 전달할 수 있게 되었습니다. 이제는 머릿속에 어떻게 말해야 할지 논리가 섰기 때문입니다.

제가 진행하는 키즈 스피치 수업에는 다음과 같은 특별한 규칙이 있습니다.

선생님의 설명을 들으면 정리하면서 이해하고 직접 설명도 해 본다.

완벽히 이해되어야만 타인에게 '설명'할 수 있습니다. 다른 사람을 가르쳐 보면 더 많은 것을 배울 수 있습니다. 설명하면서 내가 알고 있던 것들은 한 번 더 정리되고, 제대로 이해하지 못했던 부분은 내용을 다시 숙지할 수 있기 때문입니다. 이렇게 완벽히 이해한 아이는 질문에 대답할 수 있습니다. 자신이 아는 내용을 다른 사람에게 설명해 보는 것은 아이들의 스피치 실력 향상에 큰 도움이 됩니다.

수업을 진행한 지 6개월 정도 되면, 그간 자신이 습득한 노하우를 바탕으로 '나만의 스피치 비법'을 주제로 아이들이 모두 스피치 강사가 되어 인터넷강의를 촬영해 보는 시간을 가집니다. 강의 원고 역시 생각풍선을 활용해 작성했습니다.

● 주제 : 나만의 스피치 비법

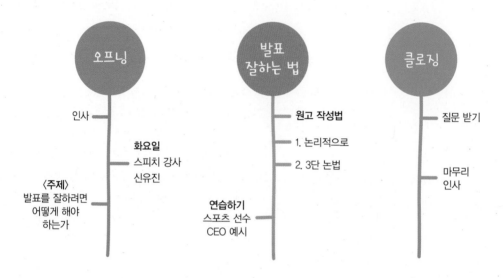

● 실제 발표 영상 ●··································

위의 생각풍선으로 실제 학생이 발표한 영상입니다. 유진이의 발표는 핵심논리가 잘 서 있습니다. 그리고 무엇보다 자연스럽고 듣기 편안합니다. 내용과 개념이 정확하게 머릿속에 코딩되어 있기 때문에 즉흥적으로 질문을 받아도 당황하지 않고 답변할 수 있습니다.

💬 주제 스피치 사례

● 주제 : 크리에이터 촬영 소감

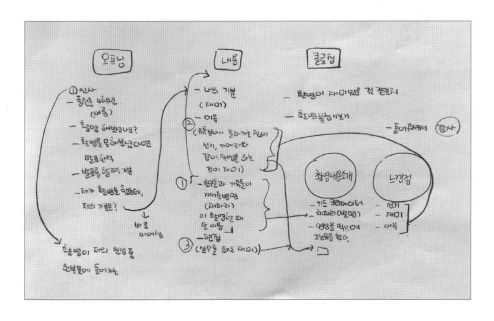

　　오프닝 – 내용 – 클로징 순으로 큰 틀을 잡고 생각풍선을 만들어 생각코딩 원고를 작성했습니다. 연습을 하는 도중에 부족한 부분은 더 채워 가며 완성한 생각코딩 스피치 원고입니다. 채윤이는 촬영이 자기 일생 중 한 부분에 들어간다고 소개합니다. 생각코딩 스피치를 통해 발표하는 것을 즐기고 어떤 주제도 자신만의 스타일로 당당하게 이야기할 수 있게 되었습니다. ● 실제 발표 영상 ●

Work Book

1. 주말에 재미있었던 일은 무엇인가요?

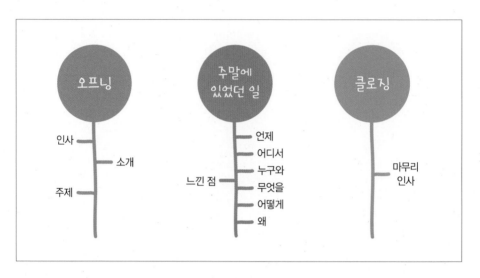

2. 언제 가장 행복한가요?

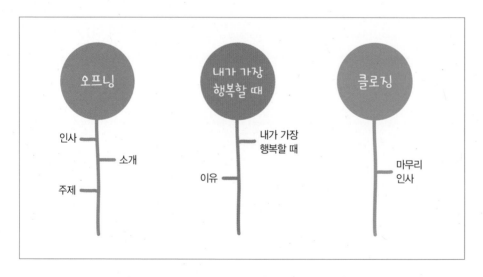

이외에도 다양한 주제를 선정하여 주제 스피치를 촬영해 보세요.

● 주제 : _____

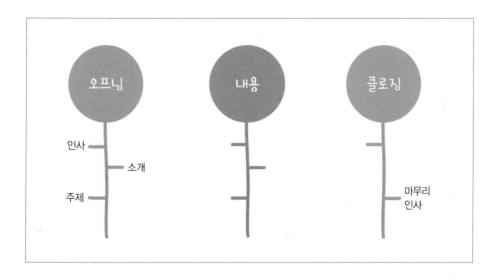

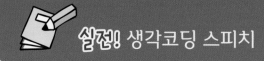
4. 수행평가 프레젠테이션 편

고학년이 되면 학교에서도 '프레젠테이션'을 통한 수행평가를 진행하는 일이 많아집니다. 실험 보고서를 파워 포인트를 활용해 시각 자료로 만들어 발표하거나, 실과 시간에는 아예 '프레젠테이션' 단원이 따로 있습니다. 프레젠테이션 스킬은 어렸을 때부터 익혀 두어야 합니다. 성인이 돼서도 가장 유용하게 사용될 수 있는 기술이기 때문입니다.

수행평가 만점 받는 프레젠테이션 스피치 코칭법

❶ 목차 먼저 정하기

주제가 정해지면 아이들은 PPT를 만들기 시작합니다. 하지만 PPT를 만들기보다는 목차를 먼저 작성해야 합니다. 생각나는 대로 자료를 만들고 나중에 순서를 배열하는 것보다 시간을 절약할 수 있고 내용 구성이 훨씬 알차게 됩니다.

❷ 시각 자료는 이미지 위주로, 텍스트는 핵심단어만!

프레젠테이션에서 PPT를 사용하는 것은 청중의 이해를 돕기 위해서입니다. 그런데 대부분의 아이들은 시각 자료를 발표 대본처럼 만듭니다.

❸ 발표 준비는 생각코딩을 활용하라

프레젠테이션은 일반적인 스피치보다 양도 많고, 발표시간도 깁니다. 따라서 아이들은 '혹시 준비한 내용을 다 말하지 못하면 어쩌나?' 하는 불안감을 가지게 됩니다. 이 방대한 양을 외울 수 없으니 시각 자료에 최대한 많은 내용을 담게 되는 것입니다.

하지만 생각코딩 스피치 기법을 활용하면 세련된 프레젠테이션이 가능해집니다. 주제에 맞게 PPT를 완성했다면 인쇄하여 각 장마다 생각풍선을 만들어 줍니다.

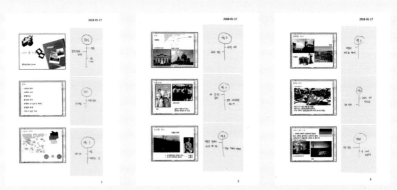

각 장에서 꼭 이야기해야 하는 핵심내용들을 생각풍선에 정리해 주면 됩니다. 내용뿐 아니라 '자연스럽게', '힘차게' 등 발표할 때 유의해야 할 표현방법도 함께 적어 두면 좋습니다. 이렇게 완성된 생각풍선을 머릿속에 잘 코딩하고 여러 차례 발표 연습을 해 둡니다.

위의 예시 자료들은 초등학교 5학년 나연이가 실제 프레젠테이션 발표에 사용했던 것들입니다. 나연이는 4학년 때 스피치 반에 들어왔습니다. 여느 사춘기 소녀들처럼 부끄럼 많고 무뚝뚝해서 발표하러 나오면 잘 들리지 않게 웅얼거리다가 서둘러 발표를 마치고 들어가는 친구였습니다. 나연이는 긴장하면 톤이 낮아졌습니다. 자세도 불안했습니다. 가장 개선이 시급한 것은 자신감이었습니다.

나연이는 2년간 생각코딩 스피치를 꾸준히 훈련하고, 방송 놀이 과정을 통해 자연스러움과 자신감을 되찾았습니다. 그래서 지금은 발표와 관련된 학교 수업에서 늘 우수한 성적을 받는 스피치 엘리트로 성장했습니다.

다음은 수줍은 소녀에서 세련된 프리젠터가 되기까지 변화하는 나연이의 모습이 담긴 영상입니다. ● 실제 발표 영상 ●

💬 수행평가 프레젠테이션 생각코딩 스피치 활용사례

왼쪽은 PPT로 만든 시각 자료, 오른쪽은 생각코딩을 위한 생각풍선을 만들어 수행평가 발표를 준비한 내용입니다.

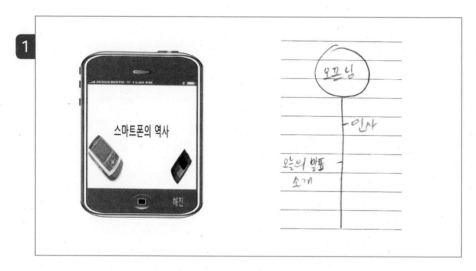

Work Book

프레젠테이션 발표가 있나요?

목차를 정한 후 발표 자료를 만들기 전에 아래의 워크북을 먼저 작성해 보세요.

왼쪽에 시각 자료에 들어갈 내용을 미리 그려 보고, 각 페이지의 핵심내용을 위

주로 오른쪽에 생각풍선을 작성해 발표를 준비해 보세요.

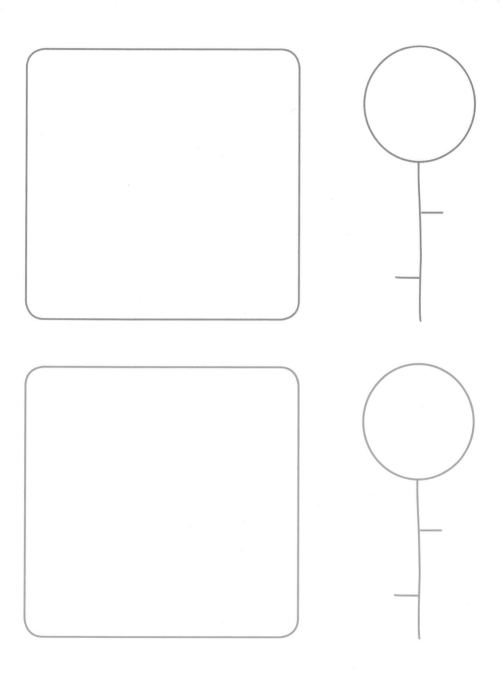

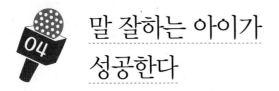

말 잘하는 아이가
성공한다

04

스피치는 특정한 목적을 가지고 청중을 대상으로 자신의 생각이나 의견을 이야기하는 것을 말합니다. 스피치는 사람의 마음을 움직이고 내 편으로 만들 수 있는 마법 같은 기술입니다. 말을 잘하는 아이의 주변에는 늘 친구들이 북적입니다. 이 아이들에게는 특별한 것이 있습니다. 발표할 때뿐만 아니라 일상생활에서 자신이 원하는 것을 얻는 데 스피치 기술을 적절히 사용할 줄 안다는 것입니다. 자신이 원하는 것을 정확하게 알고 말하고 싶을 때 정확하게 내 의사를 표현하는 능력이 뛰어납니다.

이것을 심리학에서는 '실용지능'이라 합니다. 심리학자 스턴버그에 따르면 '뭔가를 누구에게 말해야 할지, 언제 말해야 할지, 어떻게 말해야 최대의 효과를 거둘 수 있을지 등을 아는 것'을 포함하는 것입니다. 참고문헌 : 《실용지능이 성공의 기회를 만든다》(지은이: 칼 알브레히트)

스피치 능력과 밀접한 이 실용지능은 타고나는 일반 지능과는 다른 지능입니다. 자라면서 습득해야 할 하나의 기술에 해당합니다. 즉, 학습에 의해 발달이 가능한 지능이라는 것입니다.

💬 말 잘하는 아이는 스피치 능력을 사용해 원하는 것을 얻는다

한 초등학교 예술제에 키즈 스피치 반 어린이들이 참가했습니다. 반 친구들 중 각각 MC 1명, 리포터 1명, 아나운서 1명, 기자 1명 , 배우 2명 총 6명이 역할을 나눠 무대에 서기로 했습니다. 그중 가장 치열했던 배역은 배우였습니다. 아이들은 우선 〈엄마와 딸의 스마트폰 쟁탈전〉이라는 주제로 상황을 설정하고 직접 대본을 작성했습니다.

엄마 : 야~! 네가 먹은 건 네가 설거지하라고 했지?
　　　 설거지도 안 하고……, 핸드폰 뺏기고 싶어?

딸 : 아, 왜 모든 걸 엄마 마음대로만 해! 이건 내 핸드폰이잖아!

엄마 : 어머머, 얘 좀 봐~. 자식 키워 봤자 아무 소용없다니까. 쯧!

6개월 이상 키즈 스피치 수업을 들은 친구들이 많다 보니 연기를 잘하는 쟁쟁한 후보들도 많았습니다. 그중에서도 유독 연기를 잘하기로 소문난 두 친구가 있었습니다. 6학년 수환이와 4학년 나은이입니다. 배우 역은 자연스레 수환이와 나은이가 맡는 분위기였습니다.

그런데 나은이가 다른 일정으로 발표회에 참가하지 못하게 되었습니다. 예상대로 엄마 흉내를 잘 내는 수환이가 엄마 역할을 맡게 되었습니다. 문제는 남은 딸 역할이었습니다. 다들 누구 하나 선뜻 나서지는 않았지만 모두들 딸 역할을 하고 싶어 하는 눈치였습니다. 결국 그날 역할을 정하지 못하고 수업이 끝났습니다. 모두 하교한 후 퇴근하기 위해 교실을 정리하고 있는데, 한 학생이 저를 기다리고 있었습니다. 5학년 윤희였습니다.

" 선생님, 드릴 말씀이 있어요. 이번 발표회에서 제가 딸 역할을 꼭 맡고 싶어요. 저는 커서 배우가 되고 싶어요. 이번에 무대에 올라가 연기를 해 본다면 제게 정말 좋은 경험이 될 것 같아요. 아까는 다른 친구들이 다들 하고 싶어 하는 분위기라 저까지 손 들지 못했는데 꼭 말씀드리고 싶어서 남아 있었어요."

반짝이는 눈빛과 진중한 말투에서 윤희의 진심이 전해져 왔습니다. 다음 주 수업시간, 아이들에게 윤희의 꿈을 소개해 주었습니다. 모두 기쁜 마음으로 윤희의 꿈을 응원해 주었습니다. 그리고 결국 만장일치로 딸 배역은 윤희가 맡게 되었습니다.

놀라운 것은 윤희가 처음 스피치 반에 들어왔을 때는 눈에 띄지 않는 지극히 평범한 학생이었다는 것입니다. 낯을 많이 가려 친구들과 잘 어울려 놀지 않고 매우 수동적인 수업태도를 가진 아이였습니다. 하지만 3개월 동안 자신의 생각과 의견을 정리하고 발표하는 스피치 수업을 받은 뒤, 윤희는 반 친구들과 어울려 노는 것은 물론 자신의 의견을 이렇게 적극적으로 표현하기 시작했습니다.

'설득'을 위해서는 스피치의 논리적인 흐름이 뒷받침되어야 합니다. 제게 직접 찾아와 말하기 전까지 이 친구는 배역을 맡기 위해 어떻게 이야기하면 좋을지 고민했을 것입니다. 스피치 수업을 통해 단순히 발표력만 향상된 것이 아니라, 논리적으로 사고하고 타인을 내 편으로 만드는 '실용지능'이 발달된 결과라고 여겨집니다.

실용지능이 뛰어난 사람은 성공할 가능성이 높습니다. 상황을 자신에게 유리하게 이끌어 가는 방법을 알기 때문이죠. 스피치 테크닉과 더불어 말해야 할 때와 말하지 않아야 할 때를 구별하고, 지금 이 상황에서 누구에게 말해야 최적의 효과를 내는지 구별할 수 있는 능력이 있다면 모든 상황을 자신에게 유리한 방향으로 최적화시킬 수 있습니다.

💬 말 잘하는 아이는 위기대처 능력이 뛰어나다

살다 보면 누구나 크고 작은 위기의 순간을 마주하게 됩니다. 아이들의 인생에도 예외는 없습니다. 험난한 세상 속에서 위기의 순간에 지혜롭게 헤쳐 나가기 위해 아이들이 길러야 할 능력 중 하나는 옳지 않은 것은 옳지 않다고 말하고, 어떤 외압에도 굴하지 않고 내 의사를 분명히 전달하는 능력입니다.

스피치 수업시간, 한 아이가 교실이 떠나가라 울기 시작했습니다.
조별 활동시간에 의견 충돌이 있었던 것입니다.
사건의 전말은 이렇습니다.
각 조별로 다음 주 촬영수업에 필요한 소품을 논의하던 중이었습니다. 조장인 2학년 은지와 1학년 윤아의 갈등이 시작됐습니다.

은지 : "너는 악마 역할이니, 악마 뿔 머리띠가 있으면 가져오는 게 좋을 것 같아."
윤아 : "나는 악마 뿔 없는데."
은지 : "그래? 학교 앞 문구점에 가면 천 원이면 살 수 있어!"

그때 갑자기 윤아가 소리를 지르기 시작했습니다.

윤아 : "악마 뿔 사 달라고 하면 엄마한테 혼난단 말이야!"

당황한 은지는 "알겠어. 그럼 사 오지 마."라고 말해 보지만 이미 울음이 터진 윤아를 달랠 길이 없습니다. 급기야 윤아는 엄마에게 전화를 걸었습니다. 그리고 몇 분 후 교실 문을 박차고 윤아의 엄마가 성큼 들어왔습니다.

"우리 윤아 울린 애가 누구야?"

교실은 순식간에 아수라장이 되었습니다.
윤아 엄마는 막무가내였습니다.

"너 우리 윤아한테 뭐라고 했어?"

윽박지르는 윤아 엄마 앞에서 하얗게 질린 은지가 걱정이 된 저는 자초지종을 설명하려고 했습니다.

"선생님, 제가 이야기할게요."

은지가 말했습니다.

"아주머니, 저는 촬영 소품 중 악마 뿔이 있으면 좋을 것 같아서 윤아에게 가져오라고 이야기했어요. 윤아가 없다고 하길래 문구점에서 살 수 있다고 알려 줬는데, 윤아가 갑자기 울기 시작한 거예요. 저는 억지로 사 오게 할 생각은 아니었는데, 윤아가 제 말에 속상했나 봐요."

은지의 목소리는 떨렸습니다. 하지만 차분하고 정확하게 상황을 설명하고 자신의 입장을 전달했습니다. 그러자 별일 아니라는 것을 알게 된 윤아 엄마는 머쓱해하며 은지에게 연신 사과했습니다.

보통의 아이들은 이처럼 당혹스러운 상황이 생기면 울어 버리거나 선생님 뒤로 숨기 마련입니다. 하지만 은지는 달랐습니다. 은지가 겁이 없었기 때문은 아닐 것입니다. 이제 아홉 살밖에 되지 않은 은지에게도 안하무인의 이 어른은 어떤 괴물보다도 무서웠을 것입니다. 하지만 은지는 굴하지 않고 용기를 내 본인의 생각을 정확하게 전달했습니다. 그 결과 누구의 도움 없이 스스로 자신의 오해를 풀고 사과를 받을 수 있었습니다.

이렇듯 스피치 능력은 단순 발표력을 위해서만 필요한 게 아닙니다. 아이들이 자라면서 길러야 할 능력, 즉 할 말이 생겼을 때, 말해야 하는 상황에서 머뭇거리지 않고 당당하게 자신의 의사를 표현하는 능력을 기르는 것도 스피치 능력입니다.

> 인간은 자신의 마음이 언어에 명령을 내린다고 생각하지만,
> 언어라는 곰이 우리의 마음을 지배하는 경우가 더 많다.
>
> − 프랜시스 베이컨

말 한마디로 천 냥 빚을 갚고, 원한다면 다른 사람의 마음을 움직일 수도 있는 능력! 그것이 바로 스피치의 힘입니다. 세상을 향해 거침없이 나를 드러내고 마음껏 표현해 모두를 내 편으로 만들 수 있는 힘을 길러 주는 것, 그것이 엄마가 아이에게 줄 수 있는 최고의 선물이 아닐까요?

내 아이에 대해 엄마보다 잘 아는 사람은 없습니다.
따라서 아이의 성장을 이끄는 최고의 선생님은
바로 엄마인 셈입니다.

제2장

우리 아이
스피치 코치는
엄마여야 한다

우리 아이 스피치 코치는
엄마여야 한다

엄마와 놀면서 배우는 키즈 스피치

언어는 습관입니다. 아이의 언어 습관을 가장 잘 알고 있는 사람은 누구일까요? 바로 '엄마'입니다. 집에서는 수다쟁이인 아이가 학교만 가면 조용해지는 이유는 학교에서는 개인으로서 충분히 대우받지 못하기 때문입니다. 대개 교실 안에는 1명의 교사 아래 20명 이상의 학생들이 함께 생활하는데, 이런 환경에서는 개인의 성향과 특성이 일일이 존중받을 수 없는 한계가 있습니다. 아이를 맡고 있는 여러 교사들과 타인을 포함해서 아이를 진정으로 깊이 이해할 수 있는 사람은 '엄마'입니다.

최근 헬리콥터맘, 캥거루맘에 이어 '아키텍키즈맘'이라는 신조어가 생겨났습니다.

아키텍키즈맘 검증된 '공법'을 총동원해 건축물을 설계하는 것처럼, 아이를 공들여 키우지만 아이 미래를 정해 두지 않고 자녀의 개성과 특징을 살펴 아이가 원하는 걸 하도록 돕는 부모를 일컫는 신조어

아키텍키즈맘은 주로 80년대에 태어나 부모의 치맛바람을 최초로 경험하며 성장한 세대로, 자녀의 미래를 위해 과도한 학습보다는 아이의 행복에 초점을 두고 직접 교육하는 엄마들을 말합니다. 아키텍키즈맘은 1등을 위해 교육에 열을 올리는 엄마들과는 조금 다릅니다. 자녀 교육의 시작을 과시나 경쟁에 중점을 두지 않고, 자녀의 행복을 위해 교육과정을 함께합니다. 자녀의 성향과 흥미를 면밀히 관찰해서 아이에게 꼭 맞는 맞춤형 커리큘럼을 짜고 학습을 '놀이'화하여 엄마가 직접 교육합니다.

2017년 1월에 방영된 SBS〈영재발굴단〉에서는 5개 국어를 자유자재로 하는 언어 신동 서연이 엄마의 특별한 교육법이 소개됐습니다.

서연이는 한국어, 영어, 일본어, 중국어, 스페인어 5개 국어에 능통한 만 5세 언어 영재입니다.

방송 이후 만 5세에게 5개국 언어를 원어민 수준으로 가르친 엄마의 특별한 교육법이 화제가 됐습니다. 서연이 엄마는 육아 블로그를 운영하는 아키텍키즈맘입니다. 서연이 엄마는 서연이만을 위한 놀이 형식의 언어교육 커리큘럼을 짜고 직접 교재, 교구를 만들어 교육합니다. 책 읽는 것을 싫어하고 시각적인 자료와 노래에 흥미를 보이는 서연이를 위해 직접 포트폴리오북을 만들고 함께 노래를 부르며 언어 공부를 합니다.

하지만 이런 서연이 엄마에게도 고민이 있었습니다. 엄마와 하루 종일 5개국 언어를 공부하면서 혹시 아이가 스트레스를 받고 있지는 않을까 하는 것입니다. 엄마는 심리상담소를 찾아가서 서연이를 상대로 스트레스 검사를 진행했습니다.

결과는 '서연이는 스트레스를 받지 않는다.'였습니다. 서연이는 또래 아이들에 비해 자아탄력성 지수가 굉장히 높게 나왔습니다.

자아탄력성이란 스트레스를 스스로 회복하는 능력을 말합니다. 전문의는 서연이의 자아탄력성 지수가 높은 것은 엄마의 특별한 교육법의 영향이 컸다고 분석합니다. 엄마와 함께 소통하며 온 가족의 칭찬과 지지 속에서 서연이의 긍정적 자존감이 상승한 것입니다.

결론적으로 서연이는 언어 습득 과정을 공부로 인식하는 것이 아니라 놀이로 인식했기 때문에 스트레스를 받지 않았던 것입니다. 따라서 학습 효과도 또래 다른 아이들보다 뛰어났던 것입니다.

스피치 역시 엄마와 놀면서 배울 수 있습니다. 대개의 아이들은 엄마와 지극히 일상적이고 시시콜콜한 대화를 가장 많이 나눕니다. "오늘 학교에서 뭐 했어?", "엄마 나 오늘 친구랑 싸웠다!"와 같이 구체적으로 상황을 설명해야 하는 대화도 몇 번씩 오고 갑니다. 그뿐만이 아닙니다. "식사 전에 과자 먹어도 돼요?", "스마트폰 사 주세요!", "친구 집에서 자고 와도 돼요?" 이처럼 아이와 엄마는 하루에도 몇 번씩 협상 테이블에 앉습니다. 이때 엄마의 작은 관심만 있다면 아이는 엄마와의 협상 테이블에서 '설득 스피치'를 배울 수 있고, 엄마가 질문하고 아이가 답변하는 일상적인 대화 속에서 '논리 스피치'를 훈련할 수 있습니다.

키즈 스피치 교육은 특성상 실습을 통해 교육하는 것이 가장 효과적입니다. 이론적인 지식을 배우고 암기하는 것만으로 성장할 수 있는 분야가 아니기 때문입니다. 보고 듣고 느끼는 것이 가장 중요합니다. 아이들의 발표력 향상을 위한 최선의 교육 방법은 스피치 기술을 이론적으로 가르치는 것이 아니라, 아이의 언어 습관을 면밀히 관찰해 '일상 속에서' 코치하고 아이가 직접 느끼고 개선할 수 있도록 해야 합니다.

　말하기는 복잡하고 통합적인 영역입니다. 수학처럼 딱 떨어지는 공식이 있는 것도 아닙니다. 한 아이가 말을 잘할 수 있도록 하기 위해서는 아이의 성격, 인성, 인문학적 소양, 특유의 화법, 생각하는 방법 등 다양한 것들을 복합적으로 고려하여 코칭해야 합니다. 내 아이에 대해 엄마보다 잘 아는 사람은 없습니다. 따라서 아이의 성장을 이끄는 최고의 선생님은 바로 엄마인 셈입니다.

혹시 우리 아이도 발표 불안증?
발표 불안증은 병이 아니다

"집에서는 말도 잘하고 활발한 아이인데, 학교에서 발표만 하면 너무 떨어요.
발표 불안증이 있는 것 같아요!"

학부모 참관수업에 가서 아이가 발표하는 모습을 본 엄마는 오늘도 한숨을 쉽니다.

'남자애가 저렇게 숫기가 없어서 어떡해.
말을 왜 이렇게 더듬지? 무슨 문제가 있는 건 아닐까?
왜 이렇게 웅얼거리는 거야. 혀가 짧은가?
다른 애들은 저렇게 잘하는데 학교에서 애들한테 치이는 건 아닌지 몰라.'

생각이 꼬리에 꼬리를 물다가 엄마는 생각합니다.

'우리 아이, 혹시 발표 불안증 아니야?'

답답한 마음에 인터넷에서 '발표 불안증'을 검색해 보면 '발표 불안증 자가 진단', '발표 불안증 치료', '불안 장애' 등 무시무시한 단어들을 접하게 됩니다. '혹시 우리 애도 발표 불안증인가? 치료해야 되지 않을까?' 엄마의 마음이 조급해지기 시작합니다.

발표 불안증은 병이 아닙니다. 자연스러운 현상이죠. 누구나 대중 앞에 서면 떨리기 마련입니다. 생각이 나지 않으면 더듬는 것은 당연합니다. 긴장했으니 머릿속이 하얘지고, 심장이 두근거리고, 호흡이 가빠지고, 얼굴이 빨개지고, 가슴이 답답해져 도망가고 싶습니다.

가정을 벗어나 '학교'라는 작은 사회로 뛰어든 아이들은 수많은 위기를 맞습니다.

엄마, 아빠가 아닌 친구들과 선생님 앞에서 '내 이야기'를 해야 하는 발표 역시 아이에게는 엄청난 위기의 순간입니다.

발표 불안 증상을 보이는 자녀의 엄마가 꼭 알아야 할 사실이 있습니다. 아이에게 발표는 적응되지 않은 '아주 낯선 상황'이라는 것입니다. 모두가 자신을 쳐다보고 있는 낯선 상황에서 아이의 '발표 불안'은 너무나 당연합니다. 극도의 긴장감 속에서 입이 바짝바짝 마르고, 안절부절못하다가 이름 석 자만 겨우 말하고 내려온 아이일지라도 아낌없는 박수가 필요합니다. 생애에 가장 위대한 첫 도전을 한 것이니까요.

긴장을 많이 하는 아이들에게 필요한 것은 엄마의 실망스러운 표정이 아니라 여유로운 미소입니다. 사실 자신이 발표를 잘하지 못했다는 사실은 엄마보다 아이가 더 잘 알고 있습니다. 발표가 끝나고 고개를 푹 숙이고 들어와 엄마를 만났을 때, 엄마의 실망스러운 표정을 본 아이들은 '역시 나는 잘 못하는구나⋯⋯.' 하고 실망하게 됩니다. 하지만 실망스러운 엄마의 표정을 예상했던 아이가 환하게 웃는 엄마의 얼굴을 보았을 때는 어떤 생각을 할까요? 안도감을 느낄 것입니다.

제가 어렸을 적 아버지께서 이런 질문을 하셨습니다. "소윤아, '빽'이 뭐라고 생각하니?" 한참을 고민하던 저는 이렇게 대답했습니다. "돈? 인맥?" 아버지는 빙그레 웃으시며 말씀하셨습니다. "진정한 '빽'은 가족이란다. 네가 어디를 가서 누구를 만나도 두려워하지 않고 당당하게 행동할 수 있는 이유는 실패해도 따뜻하게 맞아 줄 가족이 있기 때문이다." 나는 머리를 한 대 맞은 듯 띵했습니다. 내가 잘하지 못할 때도, 도전에 실패했을 때도 나를 사랑해 줄 가족이 있다는 사실을 알게 된 이후부터는 두려울 것이 없었습니다. 도전을 두려워하는 아이들에게 가장 필요한 말은 "아이야, 때로는 실패해도 괜찮단다. 엄마 아빠는 오늘의 네 도전을 응원하고, 언제나 너를 사랑한단다."라는 말입니다.

💬 엄마의 기준에서 아이를 평가하지 마세요!

학기가 시작되면 "우리 아이가 수줍음이 많아서 적응하는 데 시간이 오래 걸릴 거예요.", "우리 애는 남들 앞에서 발표를 잘 못해요."라는 학부모님들의 걱정을 가장 많이 듣습니다. 하지만 실제로 수업에 들어가 보면 수줍음이 많다는 아이는 수다쟁이이거나, 남들 앞에서 발표를 잘 못한다던 친구는 의외로 발표하는 것을 좋아하는 경우가 많습니다.

올해 초등학교에 입학한 1학년 현우의 엄마는 현우가 적극적이지 못해서 친구들과 잘 어울리지도 못하고 의기소침하게 있을 때가 많으니 특별히 신경 써 달라고 신신당부했습니다. 스피치 수업 첫날, 모두들 처음 만나 어색한지 서먹서먹하게 앉아 있었습니다.

수업이 시작되고 스피치 기초훈련 게임을 진행하며 마구 몸을 움직이게 하자 분위기가 풀어지기 시작했습니다. 현우는 게임에 적극적으로 참여했습니다. 조별 게임에도 친구들과 잘 어울리며 주도적으로 게임을 진행했습니다. 수업 막바지 자기소개 시간이 오자 제일 먼저 손을 번쩍 들고 발표했습니다.

수업이 끝나고 현우 엄마에게 적극적으로 수업에 참여한 현우를 칭찬했습니다. 그러자 현우 엄마는 그 말을 믿으려고 하지 않았습니다.

"선생님, 그냥 무조건 잘한다고 말씀하시는 거 아니에요? 선생님이 보신 아이는 현우가 아닌 것 같은데요?"
"파마머리에 초록색 윗옷을 입은 아이가 현우 맞지요?"
"맞아요. 현우가 그랬을 리가 없는데."

저는 답답한 마음에 현우의 자기소개 영상을 보여 주었습니다. 현우 엄마는 놀라서 고개를 연신 갸우뚱거리며 교실을 나갔습니다.

엄마가 아이의 사회적 모습을 모두 알 수는 없습니다. 가정에서 보는 자녀의 모습이 전부는 아닙니다. 엄마에게 보이는 아이의 모습만을 갖고 아이를 판단하는 것이 때로는 아이의 성장을 막기도 합니다.

수업 중 동화구연을 정말 맛깔나게 하는 친구에게 "정섭아, 너는 표현력이 정말 풍부하구나!"라고 이야기했더니 "아니에요. 엄마가 저는 말을 재미없게 한다고 했어요."라고 대답했습니다. 뛰어난 표현력을 가진 아이였지만 어느 날 스쳐 지나가면서 들은 엄마의 걱정에 '말을 재미없게 하는 아이'가 되어 있었습니다.

엄마의 걱정이 어른의 기준에서 아이를 평가하고, 능력의 한계를 정해 주는 것은 아닌지 생각해 보아야 합니다. 말하기를 두려워하는 자녀를 둔 엄마가 가장 먼저 해야 할 일은 걱정을 내려놓는 것입니다.

💬 말더듬이 범영이

"서, 서, 선생님. 저, 저도 발표 잘하고 시, 싶어요."

범영이는 말을 더듬는 아이였습니다. 범영이와 며칠 수업을 해 보니 신체적인 문제로 말을 더듬는 게 아니었습니다. 수다쟁이 범영이는 하고 싶은 말은 많은데, 머릿속에서 그 말들이 정리되지 않아 엉켜 나오면서 말을 더듬게 되는 것이었습니다. 범영이와 눈을 마주치고 긴장을 완화해 주는 3-5-7 호흡법을 훈련했습니다. 3-5-7 복식 호흡법은 긴장감을 완화하는 데 탁월한 효과가 있습니다.

"범영아, 천천히 해도 괜찮아. 호흡하고 준비되면 이야기하는 거야. 선생님이 기다려 줄게."

숨을 크게 들이마시고 내뱉고를 반복하며 안정을 찾은 후 발표를 시켰더니 더듬는 횟수가 점점 줄어들었습니다.

범영이는 선천적 말더듬이가 아닙니다. 범영이의 더듬는 습관은 '불안'에서 비롯된 것입니다. 그 이유를 찾다가 뜻밖의 원인을 알게 되었습니다. 바로 범영이가 가진 불안의 원인은 '누군가를 실망시킬지 모른다.'는 마음에서 오는 병 때문이었습니다.

스피치 수업을 재미있어 하기 시작하면서 범영이의 발표 실력도 많이 늘었습니다. 어느 날, 범영이는 한 어린이 스피치 대회에 참가하기로 하였습니다. 범영이가 직접 발표할 원고를 작성해 왔습니다. 한 TV프로그램을 보고 나서 자신보다 어려운 친구들을 돕기 위해 돼지저금통에 용돈을 모아 기부했던 기특한 이야기가 담긴 원고였습니다. 범영이의 배려심 깊고 따뜻한 마음이 그대로 녹아 있는 원고였습니다. 작성한 원고를 바탕으로 생각풍선을 만들고, 맹연습을 시작했습니다. 범영이는 하루도 빠짐없이 매일같이 연습했습니다. 집에서도 자기 전과 아침시간을 이용해 연습하고 또 연습했습니다.

대망의 대회 날, 범영이는 긴장감을 모두 이기고 장려상을 수상했습니다. 스피치 대회에서 수상했다는 것만으로도 너무나 의미 있는 일이었습니다.

며칠 뒤, 범영이를 다시 만났습니다. 장려상을 받은 범영이를 축하해 주기 위해 상장을 보여 달라고 했습니다. 그런데 범영이가 뜻밖의 말을 했습니다.

"상장 없어요! 아빠가 버렸어요."

저는 놀라서 물었습니다.

"왜?"
"아빠가 장려상 같은 건 차라리 안 받는 것보다 못하다고 하면서 기분 나쁘다고 버렸어요"

저는 할 말을 잃었습니다. 해맑게 웃으며 이야기하는 범영이를 보니 이런 일이 처음은 아닌 듯했습니다. 범영이가 왜 말을 더듬는지 알 것만 같았습니다. 그런 범영이를 보고 있자니 마음이 무너져 내리는 듯했습니다.

범영이 부모님의 태도가 조금만 바뀌었다면, 아이를 다그치지 않고 기다려 주는 너그러운 마음을 가졌다면 범영이는 지금과는 달라졌을 것입니다.

머뭇거리고 부족한 자녀를 둔 부모라면 아이의 문제에만 집중할 것이 아니라, 아이의 현재 상태를 받아들이고 변화할 때까지 기다려 주는 너그러운 마음이 필요합니다.

머뭇거리는 아이에게 질책보다는 응원이 필요하다는 사실은 누구나 잘 알고 있습니다. 하지만 어떻게 격려해 주어야 할지는 참 난감합니다. 아이가 스스로 만족스럽지 못한 결과에 실망했을 때 엄마는 "괜찮아, 잘했어." 혹은 "다음에 잘하면 되지." 하고 위로합니다. 잘 생각해 보면 '잘했어.'라는 말은 상급자가 하급자를 평가하는 말입니다. 아이들에게는 '잘했다.'라는 평가적인 표현보다 엄마가 주관적으로 느낀 감정을 이야기해 주는 것이 좋습니다. 예를 들어 '좋다!', '멋진데!', '대단하다!', '이야기해 줘서 고맙구나!'라는 표현이 좋습니다. '잘하지 못할까 봐', '틀릴까 봐' 발표가 두려운 아이에게 좀 못해도 괜찮고 틀려도 괜찮다는 걸 느끼게 해 준다면 아이는 계속 도전할 것입니다. 아이들에게는 성공 여부와 상관없이 도전 그 자체가 아름답고, 그 모습 그대로 인정하고 박수쳐 줄 수 있는 엄마의 마음이 필요합니다. '발표가 두려운 아이들'에게 진정 필요한 것은 '잘할 수 있어!'라는 응원보다 '실패해도 괜찮다.'는 엄마가 주는 면죄부가 아닐까요?

03 스피치 성장 프로세스,
설명하는 상위 0.1%의 엄마

직접 자녀를 가르치려다 보니 속이 부글부글 끓습니다. 그러지 말아야지 했지만 엄마는 또 핀잔을 주고 맙니다.

"아까 말했잖아. 크게 말하라고. 목소리가 왜 이렇게 작아?"
"몸 흔들지 말라고 했지? 바로 서! 학교 가서도 이렇게 할 거니?"
"틀렸어. 다시!"

엄마의 감정 섞인 지적에 아이도 슬슬 화가 나기 시작합니다.

"그만할래. 나 하기 싫어."
"안 되는 걸 어쩌라는 거야!"
"엄마는 맨날 뭐라고 하기만 해."

이런 상황이 반복되면 엄마와 아이 모두 지치기 마련입니다.
잘 가르치고 싶고, 아이가 조금 더 잘했으면 하는 엄마의 욕심에서 비롯된 결과입니다. 엄마가 욕심이 많아지면 아이의 장점보다는 단점이 부각되어 보입니다. 기대치는 높고, 아이는 따라오지 못하니 답답한 마음에 불쑥불쑥 화가 치밀어 올라 감정이 앞서 하지 말아야 될 말을 하고야 맙니다.

어릴 적 많이 하던 그림자놀이를 기억하시나요? 방에 불을 끄고 작은 물건에 빛을 비추면 벽에는 큰 사자가 생기기도 하고 무시무시한 괴물이 생기기도 했죠. 아이들의 마음은 그림자놀이와 같습니다. 엄마가 툭 던진 말과 무심코 지은 표정이 아이에게는 벽에 비친 그림자처럼 비중 있게 느껴질 수 있습니다. 그리고 오래도록 기억됩니다. 아이의 자존감은 엄마가 키워 주어야 합니다.

감정적이고 부정적인 말들이 오고 가는 상황에서 감정이 상한 아이는 자신의 문제를 제대로 인지하지 못합니다. 이런 상황에서 엄마가 하는 조언은 그저 잔소리로 들릴 뿐이죠. 그렇다면 현명한 엄마는 이 위기를 어떻게 헤쳐 나갈까요?

아이와 함께 스피치 훈련을 하다 보면 엄마는 금세 아이의 문제점을 파악합니다. 그리고 그것을 지적해서 아이를 단기간에 변화시키려고 그것에만 집중합니다. 아이에게 왜 변화가 필요한지 설명해 주지도 않습니다. 어릴 적 책을 많이 읽어야 한다는 말을 귀에 딱지가 앉게 들었지만, 왜 책을 읽어야 하는지 그 까닭에 대해서는 누구도 속 시원하게 설명해 주지 않았습니다. 그래서 늘 책읽기는 강요받는 것이었고 해야만 하는 숙제나 의무로 느껴졌습니다.

"크게 말해야지."

"또박또박 말해야지."

"단어만 말하지 말고, 문장으로 끝까지 말하라니까!"

"말할 때는 사람의 눈을 보고 하란 말이야."

어른들은 이렇게 지적만 하고 도대체 왜 크게 이야기해야 하는지, 또박또박 말하는 것이 왜 중요한지, 왜 완벽한 문장으로 끝까지 말해야 하는지 아이가 이해할 수 있도록 설명해 주지 않는 경우가 많습니다.

● 스피치 성장 프로세스

인지	변화	발전

아이들은 문제를 인지하면 변화합니다. 변화하기 시작하면 무서운 속도로 발전합니다. 문제를 인지하게 하기 위해서는 '지적'이 아니라 '설명'이 필요합니다.

현명한 엄마는 지적하는 것이 아니라 설명합니다.

욕심쟁이 엄마 : "아까 말했잖아. 크게 말하라고. 목소리가 왜 이렇게 작아?"

현명한 엄마 : "너무 좋은 내용이다! 그런데 지금보다 조금만 더 크게 말하면 좋을 것 같은데. 왜냐하면 소리가 너무 작으면 이 좋은 내용을 다른 사람들이 들을 수 없거든!"

욕심쟁이 엄마 : "몸 흔들지 말라고 했지? 바로 서! 학교 가서도 이렇게 할 거니?"

현명한 엄마 : "긴장해서 몸이 배배 꼬이는구나? 엄마가 10초 셀 동안 움직이고 싶은 만큼 움직이고 다시 해 보자! 너무 움직이면 친구들이 네 말에 집중하기 어려울 거야."

욕심쟁이 엄마 : (정색하며) "틀렸어. 다시!"

현명한 엄마 : (미소 지으며) "잘 안 된다. 그치? 괜찮아 또 해 보면 되지, 뭐!"

자녀에게서 문제점을 발견했을 때 아이가 효과적으로 인지하고 변화할 수 있도록 하기 위해서는 다음의 두 가지 코칭 기술이 필요합니다.

💬 칭찬 쿠션 기술

자녀 교육을 시작하면 아이의 장점보다는 단점이 먼저 눈에 들어옵니다. 하지만 현명한 엄마는 '단점에만' 집중하지 않습니다. 제가 운영하는 스피치 교실에서 아이의 발표 영상을 본 엄마들의 반응은 크게 두 가지로 나뉩니다.

단점에 집중하는 엄마 VS 장점에 집중하는 엄마

영상을 본 뒤, "장난치지 말고 진지하게 했으면 하네요.", "아직도 발음이 좋지 않네요." 라고 반응하는 엄마들이 있는가 하면, "열심히 노력한 티가 나네요. 아직 많이 부족하지만 기특합니다.", "아이도 선생님도 모두 수고하셨어요. 조금씩 발전하는 모습을 보니 기쁩니다."라고 반응하는 엄마가 있습니다.

단점에 집중하는 엄마는 수직적인 관계에서 문제를 바라보고 자녀를 평가합니다. 반면 장점에 집중하는 엄마는 수평적인 관계에서 아이의 노력에 공감하고 수고를 인정해 줍니다. 장점에 집중하는 엄마는 '대단한데!', '멋지다.', '감동적이다.', '놀라워!', '연습하느라 고생했겠구나.'처럼 엄마가 느낀 주관적인 감정에 대해서 표현합니다. 그렇다고 장점에 집중하는 엄마가 자녀의 단점을 전혀 지적하지 않는 것은 아닙니다. 다만 아이의 노력을 먼저 봐 주고, 그후에 고쳐야 할 점에 대해 언급한다는 것이 특징입니다.

문제점을 발견했다면 지적하기 전에 먼저 칭찬을 하는 것이 좋습니다. 아이가 다시 일어서는 법을 배우기 위해서는 넘어져 봐야 합니다. 때로는 눈물을 머금고 엄마가 아이를 넘어뜨려야 할 때도 있습니다. 그때 엄마는 맨바닥에 아무 안전장치 없이 아이를 넘어뜨리는 것이 아니라, '칭찬'이라는 안전쿠션을 깔아 아이가 조금 덜 다치도록 해 주어야 합니다. 아직 성장하고 있는 아이들은 인정받고 칭찬받고 싶어 하는 욕구가 강합니다. 그 욕구를 먼저 채워 주어야만 아이들은 엄마의 목소리에 귀 기울이기 시작합니다.

💬 설명의 기술

현명한 엄마는 설명의 달인입니다. 잘못된 행동에 대해서만 이야기할 뿐 감정적으로 이야기하지 않습니다. 그리고 구체적인 엄마의 바람에 대해 설명합니다.

'왜' 지금과 다르게 해야 하는지 아이들이 이해할 때까지 그 이유를 정확하게 설명해 주어야 합니다. 무작정 명령하면 아이는 변화하지 않습니다. 문제 상황에서 감정적으로 아이를 지적하거나 탓하게 되면 개선의 의지보다는 오히려 반항심이 생겨 효과적으로 문제를 인지하지 못합니다. 왜 그래야 하고, 앞으로는 어떻게 해야 하는지 방향을 제시해 주어야 합니다. 지적이 아니라 설명하는 것만으로 아이와 불필요한 감정싸움을 줄이고 진정한 '코칭'을 할 수 있습니다.

지적하는 엄마도, 설명하는 엄마도 목적은 같습니다. 아이가 더 나은 방향으로 성장할 수 있도록 돕는 것입니다. 아이가 진정으로 변화하고 성장하기를 바란다면 지적이 아니라 설명이 필요합니다.

Q 설명해 줘도 계속 같은 실수를 해요. 그때마다 매번 다시 설명해 줘야 하나요?

A 제 답은 '네'입니다. 분명 단기간에 고쳐지지 않을 것입니다. 한 번 설명해 줬다고 아이가 문제를 인지하는 것은 아닙니다. 매번 다시 설명한다는 것이 쉬운 일은 아닙니다. 하지만 현명한 엄마는 아이가 이해할 때까지 몇 번이고 설명해 줍니다. '저번에 말해 줬잖아.'라고 얼렁뚱땅 넘어가지 않고 다시 차분하게 설명해 주세요.

말의 품격,
I-Message 활용법

자녀 교육을 하다 보면 반드시 갈등 상황을 겪게 됩니다. 이때 아이의 감정을 상하지 않게 하면서 효과적으로 문제를 인지시켜 줄 수 있는 대화법이 있습니다. 바로 I-Message(나-전달법)입니다.

I-Message(나-전달법)는 '나'를 주어로 하여 타인의 행동에 대한 자신의 생각이나 느낌을 표현하는 방법입니다.

현명한 엄마는 아이와의 대화에서 I-Message(나-전달법)를 사용합니다. 학교에서 자신감이 넘치고 자존감이 높은 학생의 부모님과 상담해 보면 잠깐만 이야기해 보아도 아이가 왜 자존감이 높은 아이로 성장할 수 있었는지 알 수 있습니다.

한 백화점에서 있었던 일입니다. 유치원에서 견학을 온 모양이었습니다. 노란 가방을 멘 아이들이 짝이랑 손잡고 줄지어 출구로 나가는 중이었습니다. 그때 한 아이가 갑자기 소리치기 시작했습니다. "야! 저거 봐라! 신기한 거 있다!" 백화점에 있던 사람들은 하나둘 소란스런 꼬마를 쳐다보기 시작했습니다. 그러자 담임선생님이 뛰어와 아이에게 말했습니다.

"어머! 용수가 소리쳐서 사람들이 다 쳐다본다! 아이고 창피해~. 선생님 창피해요. 사람들이 많을 땐 조용히 지나가야 해요. 우리 짝꿍 손잡고 조용히 지나갈까요?"

선생님의 이야기를 들은 아이가 놀란 토끼 눈이 되어 입을 막았습니다. 그러더니 곧 "죄송해요!" 하고 싱긋 웃으며 손가락을 입에 대고 쉬쉬쉬하며 출구를 향해 걸어갔습니다.

선생님의 화법이 독특합니다. 돌발 상황에 "조용히 해야지!" 하고 소리칠 수 있었을 텐데, 아주 적절하게 I-Message(나-전달법)를 사용해 아이에게 공공장소에서 지켜야 할 예절을 알려 주었습니다. 선생님을 부끄럽게 했다는 사실에 아이는 정확하게 자신의 문제를 인지한 것입니다. 그리고 더 이상 문제행동을 하지 않았습니다.

I-Message(나-전달법)는 다음의 세 가지 단계를 거쳐 자신의 의사를 표현합니다.

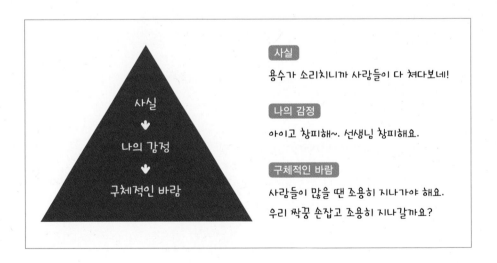

일상 대화에서 엄마가 먼저
I-Message를 사용해 주세요

● **아이의 언어 습관은 엄마의 말의 품격에서 비롯됩니다.**

말의 품격은 인격의 지표가 됩니다. 아이는 엄마가 사용하는 단어, 억양, 말투를 닮습니다. 아이의 화법에 문제가 있다면 엄마의 화법을 점검해 볼 필요가 있습니다. 아이가 퉁명스러운 말투를 사용한다면, 엄마가 평소에 퉁명스러운 말투를 사용하지 않았는지 점검해 보아야 합니다. 일상생활에서 엄마가 먼저 I-Message를 사용해 주세요. 자연스레 아이의 말투도 예의 바르고 예쁘게 변한답니다.

 엄마 I-Message 연습하기

YOU-Message

"방이 왜 이렇게 더러워! 치우는 사람 따로 있고 어지르는 사람 따로 있지! 청소 안 할래?"

I-Message

"아직 방이 정리되지 않았네? 엄마가 아침에 힘들게 치웠는데. 저녁 먹기 전 까지는 정리해 줘."

YOU-Message

"게임 그만하라고 했지!"

I-Message

"게임을 시작한 지 1시간이 지났구나. 너무 재미있겠지만 스스로 자제할 수 있어 야 해."

아이 I-Message 연습하기

YOU-Message

"아빠, 조용히 좀 하라고! 나, TV 보고 있잖아!"

I-Message

"아빠 핸드폰 소리 때문에 TV 소리가 잘 안들려요. 볼륨을 좀 줄여 주시면 좋겠어요."

YOU-Message

"야! 내 물건 만지지 말라고 했지!"

I-Message

"내가 아끼는 물건을 함부로 만지면 속상해. 다음부턴 조심해 줘."

YOU-Message

"내가 소시지 요리해 달라고 했잖아. 반찬이 이게 뭐야!"

I-Message

"엄마! 오늘은 소시지 요리가 무척 먹고 싶었는데, 없어서 아쉬워요. 내일은 꼭 소시지 반찬 해 주세요!"

말끝을 흐리는 아이, 엄마의 보여 주기 코칭법

百聞不如一見

『한 번 보는 것이 백 번 듣는 것보다 낫다』

아이들은 주변인들의 말과 행동을 모방하고 학습하며 성장합니다. 아이들에게 가장 효과적인 스피치 코칭 방법은 엄마가 직접 보여 주는 것입니다. 그리고 아이가 따라 할 수 있도록 반복적으로 훈련해야 합니다.

교육 현장에서 여러 친구들을 만나다 보면 초등학교에 막 들어온 저학년부터 중·고등학교 청소년까지 공통적으로 가진 문제점이 있습니다.

윤쌤 : 이름이 뭐예요?

학생1 : 윤소윤!

윤쌤 : 초등학교는 어디에 다니고 있어요?

학생2 : 윤스피치 초등학교…….

이 친구들의 문제점이 무엇인지 발견하셨나요? 손을 들고 적극적으로 발표하는 활발한 친구이든 지목해야 마지못해 대답하는 친구이든 성격과는 아무 상관없이 공통적으로 나타나는 문제점입니다. 바로 문장을 끝까지 말하지 않는 습관입니다. 힘차게 발표를 시작했다가도 금세 목소리가 작아지며 눈치만 보다 말을 끝낸다거나, 문장을 끝까지 말하기는 하지만 어미를 후루룩 말아먹는 친구도 많습니다.

하지만 정확한 의사전달을 위해서는 반드시 문장을 끝까지 말해야 합니다. 가정에서도 단어만 말하는 형식의 대화가 반복됩니다.

엄마 : 오늘 학교에서 뭐 먹었어?
아들 : 돈까스~.
엄마 : 맛은 어땠어?
아들 : 그냥~ 보통.

엄마가 아이와 대화를 시도하더라도 단답형으로만 대답하는 자녀 때문에 얼마 지나지 않아 대화가 끊어집니다. 생각을 잘 표현하지 못하는 것 같아 엄마는 답답합니다. 학교에서도 이러나 하는 걱정에 "말을 끝까지 해야지!", "어른한테 말투가 그게 뭐야!" 하고 지적도 해 보지만, 서로 씩씩거릴 뿐 아이의 언어습관에는 별다른 차도가 없습니다.

아이들의 이러한 언어습관은 학교에서 발표할 때도 그대로 드러납니다.

그게…… 저출산으로 아이를 많이 안 낳아서……
4차 산업혁명으로 기계가 사람이 할 일을 대신하다 보니까 그…….

대부분의 아이들은 문장을 끝까지 말하지 않고 핵심 내용만 전달되면 그 이후에는 우물쭈물하다가 발표를 끝냅니다. 이것은 정확하게 알고 있지 못하다는 인식을 줄 수 있고, 소극적이거나 자신감 없는 아이로 비칠 수 있습니다. 이것이 습관으로 굳어진다면 성인이 되어서도 마찬가지로 실제 성격은 그렇지 않은데도 불구하고 자신감 없거나, 소극적인 사람으로 비칠 가능성이 높습니다.

입시나 취업, 회사 프레젠테이션을 앞두고 스피치 훈련을 위해 찾아오는 성인들 역시 이 문제를 똑같이 가지고 있습니다. 정리되지 않은 이야기를 주절주절하다 보니 전문성이 떨어지고 자신이 전달하고자 하는 바를 정확히 전달하지 못해 본인의 역량보다 평가 절하되는 억울한 일도 빈번히 일어납니다. 면접에서도 예외는 아닙니다. 면접관의 질문에 내 생각을 제대로 표현하지 못하고 눈치만 보며 의기소침하게 이야기하는 사람들이 많습니다. 이런 잘못된 언어습관을 성인이 되어 연습하고 교정할 것이 아니라 초등학교 성장기에 반드시 훈련해서 고쳐야 합니다.

● 보여 주기 스피치 코칭 3단계

1. 보여 주기	2. 칭찬하기	3. 설명하기

엄마 : 오늘 학교에서 뭐 먹었어?

아들 : 돈까스

엄마 : 돈까스 먹었어요. (★보여 주기)

아들 : ?

엄마 : 말해 봐, 돈까스 먹었어요.

아들 : 돈까스 먹었어요.

엄마 : 그렇지! 정확히 말하니까 훨씬 알아듣기 쉽네! (★칭찬하기) 대화를 할 때는 지금처럼 문장을 끝까지 말하는 게 좋아. 그것이 대화하는 상대에 대한 예의란다. 단어만 이야기하면 성의 없다는 오해를 받을 수도 있겠지? (★설명하기)

"너는 왜 그래?" 하고 소리 지르기 전에 그 자리에서 바로 아이가 개선해야 할 언어습관의 모범답안을 직접 보여 주세요. 그 다음으로 반드시 빼먹지 말아야 할 것은 칭찬입니다. 그리고 왜 그렇게 말해야 하는지 이유를 설명해 주어야 아이는 문제를 인지하고 같은 실수를 반복하지 않습니다. 처음에는 갸우뚱하던 아이가 보여 주기 과정을 몇 번 반복하다 보면 엄마와 말다툼 없이 금방 습관을 개선할 것입니다. 나중에는 이러한 상황을 몇 번 반복하지 않아도 엄마가 빤히 쳐다만 보아도 얼른 다시 고쳐 말하게 됩니다.

버릇없이 말하는 아이,
보여 주기 코칭법 응용하기

'보여 주기 코칭법'은 스피치 훈련에서 굉장히 유용하게 사용되는 코칭 방법입니다.
일상에서 자녀의 언어습관을 면밀히 관찰한 후에 고쳐야 할 습관이 있을 때는 즉시 고쳐
주는 것이 좋습니다.

아이들은 어휘력과 표현력이 풍부하지 않아 표현이 직설적입니다. 때로는 직설적인 표현
이 예의에 어긋나거나 상대를 당황시키기도 합니다. 이때는 엄마가 아이에게 올바른 표현
방법을 보여 주고 개선할 수 있도록 해야 합니다.

그렇다면 실전에서 어떻게 사용하는지 알아볼까요?

● 버릇없이 말하는 아이, 보여 주기 코칭법 예시

> "엄마, 이리 좀 와 봐."
>
> "엄마, 이리 좀 와 주세요. 다시 이야기해 볼까?" (★보여 주기)
>
> "엄마, 이리 좀 와 주세요."
>
> "그렇지. 훨씬 듣기 좋다. (★칭찬하기)
> '엄마, 이리 좀 와 봐.' 이 표현은 나이가 많은 사람이 자기보다 어린 사람에게
> 명령할 때 사용하는 낮춤말이야. 어른에게는 공손하게 '와 주세요.' 라고 말하는
> 것이 올바른 표현이야. (★설명하기) 내가 뭘 도와줄까?"

이러한 상황에서 엄마가 '버릇없이 말하면 안 되지!'라고만 말하면 아이는 자신의 말투가
뭔가 잘못되었다는 것은 알지만 어떻게 바꿔야 할지는 모릅니다. 올바른 표현이 무엇인지
보다 구체적인 예시를 보여 주는 것이 좋습니다. 엄마가 보여 주고 - 칭찬하고 - 설명하는
보여 주기 코칭법 꼭 기억해 주세요!

논리적이지 못한 아이, 질문 코칭법

아이와 함께하는 키즈 스피치 훈련에서는 티칭이 아니라 코칭이 필요합니다. 티칭은 교육자가 일종의 지도자가 되어 일방적으로 지식을 전달하는 행동을 말합니다. 반면 코칭은 멘토가 되어 주는 것입니다. 피교육자의 잠재력을 최대한 끌어내 주는 것이 코치의 역할입니다. 티칭이 정답을 알려 주는 것이라면 코칭은 정답을 스스로 찾도록 도와주는 것입니다.

하루는 학부모 참관수업에서 한 학부모님이 이런 평을 남기셨습니다.

'수업시간에는 다른 아이들이 바른 자세로 조용히 앉아 있을 수 있도록 지도해 주세요.'

제 수업은 떠들썩합니다. 얼핏 보기에 수업인지 놀이인지 수다인지 구별이 잘 가지 않습니다. 저는 끊임없이 질문을 던지고 아이들의 질문을 받습니다. 때로는 수업이 원활하게 진행되지 않을 때도 있습니다. 엉뚱한 질문을 하는 아이가 있으면 그것을 상대하느라 수업이 더디게 진행되기도 합니다. 발표 전인 생각코딩 시간에는 책상에서 내려와 바닥에 앉아 있는 아이도 있고, 벽에 기대어 있는 아이도 있고, 구석에 서 있는 아이도 있습니다.

창의적 활동인 생각풍선을 작성하는 시간이나 개인 발표 연습 시간에도 교실 안에서 아이들이 자유롭고, 가장 편안한 상태가 될 수 있도록 아이들의 위치나 자세에 크게 제한을 두지 않습니다. 제가 아이들이 있는 곳으로 직접 가서 발표 준비를 도와줍니다.

이러한 교실의 풍경이 낯설고 무질서해 보이는 것은 당연합니다. 키즈 스피치 수업은 교사가 아이들의 눈높이에 맞춰 함께해야 최대의 효과를 낼 수 있습니다. 스피치 시간은 마음껏 움직이고 떠들고 질문하는 시간이어야 합니다. 이러한 과정을 거친 아이들이 최종적으로 발표한 영상을 보면 일반적인 아이들과는 확연히 차이가 납니다. 아이들의 발표가 자연스럽고 개개인의 개성이 모두 그대로 드러납니다. 아이들은 정형화된 교실의 분위기와 평가하는 선생님 앞에서는 경직된 발표를 할 수밖에 없습니다. 따라서 엄마는 가르치고 평가하는 '교사'가 아닌 격려하고 잠재력을 끌어낼 수 있는 '코치'가 되어야 합니다.

아이들의 잠재력을 끌어내고 스스로 답을 찾을 수 있도록 하는 최고의 코칭법이 있습니다. 바로 '질문'입니다. 적절한 질문은 아이들의 생각을 자극하고 창의적인 아이디어가 샘솟을 수 있도록 도와줍니다. 또한 질문을 통해 스스로 생각하고 답을 찾는 힘을 기를 수 있습니다. 논리적이지 못한 아이는 엄마의 질문을 통해 논리적으로 사고할 수 있습니다. 질문을 통해 진리를 깨우치게 한 소크라테스처럼 엄마가 아이들에게 소크라테스가 되어 주는 것입니다.

💬 논리적으로 말하는 아이로 키우고 싶다면 엄마가 적절한 질문을 던져라!

"오늘 학교에서 뭐 배웠어?"

"그냥…… 이것저것."

"오늘 스피치 반에 새로 갔잖아. 어땠어?"

"그냥 재미있었어."

학교에서 돌아온 아이에게 엄마는 이것저것 궁금한 것이 많습니다. 하지만 도통 자세하게 이야기하질 않으니 엄마는 답답합니다.

"둘째는 안 그러는데, 첫째는 자기 의견을 잘 말하지 않아요. 뭘 물어봐도 엄마 마음대로 하라고 하고…… 답답해요."

상황을 설명하거나 자신의 생각이나 의사를 분명하게 전달하지 못하는 아이들이 있습니다. 이런 아이들은 의사 결정을 타인에게 미루는 경향이 있습니다. 엄마는 분명하게 자기표현을 하지 않는 아이를 보면 학교에서 행여나 말도 잘 못하고 가만히 멀뚱멀뚱 앉아 있는 건 아닐까 하는 걱정이 생깁니다.

대부분의 아이들은 상황을 논리적으로 설명하는 것을 어려워합니다. 자신의 감정 상태나 느낀 점을 이야기하는 것도 쉽지 않습니다. 특별히 부족해서가 아니라 '논리적으로 사고'하는 훈련이 되어 있지 않기 때문입니다.

아이들이 논리적으로 설명하는 것을 어려워하고, 자신의 감정상태나 기분에 대해 말하는 것을 어려워하는 이유는 '생각해 본 적이 없기 때문'입니다. 아이들에게는 여러 가지 질문을 던져 다양한 것들을 자유롭게 사고할 수 있도록 생각을 자극해 주어야 합니다.

똑똑한 엄마의 질문 스킬

❶ 아이의 논리적인 사고를 기르는 육하원칙 질문법

▶ 육하원칙 : 누가, 언제, 어디서, 무엇을, 어떻게, 왜

무언가를 설명하거나, 누군가를 설득할 때는 자세하게 정보를 전달해 주어야 합니다.
듣는 사람에게 정확하게 이해시키기 위해서는 육하원칙의 정보가 필요합니다.

"오늘 학교에서 뭐가 제일 재미있었어?"

"옆 반이랑 피구한 거요."

대부분의 아이들은 엄마의 질문에 이렇게 간결하게 대답합니다.
이때 "자세히 좀 말해 봐."라고 하는 것보다, 빠진 정보들을 알아내기 위해 스무고개 하
듯 적절한 질문을 던져 보세요.

"옆 반이랑? 재미있었겠네! 언제 피구했어?"

"4교시에 피구했어요."

"밥 먹기 전에 피구했구나! 그런데 오늘 비 왔는데 어디서 피구했어?"

"아, 비가 와서 저희 반하고 3반 친구들이 모두 강당에서 수업해야 했어요.
그래서 3반하고 저희하고 피구 시합을 하게 된 거예요."

"그랬구나! 누가 이겼니?"

"우리 반이 이겼어요! 우리 반 선생님하고 3반 선생님이 함께 심판을 보셨는데요,
반끼리 하다 보니까 경쟁이 돼서 더 재미있었어요!"

"이겨서 기분이 어땠어?"

"기뻤어요! 그런데, 다른 반 친구들이 너무 아쉬워해서 기쁜 티를 많이 내지는
않았어요."

"다른 반 친구들을 배려해 줬구나. 기특하다. 오늘은 비가 와서 좋은 추억이 생겼네."

❷ 아이의 생각을 자극하는 질문 '왜?'

저는 학교에서 '왜 선생님'으로 불립니다. 아이들에게 끊임없이 '왜?'라고 질문하기 때문입니다.

"발표하기 전에 생각을 정리하기 위해서는 어떻게 하는 것이 좋을까?"

"생각풍선을 만들어요!"

"**왜** 생각풍선을 만들면 좋을까?"

"발표하기 전에 생각할 것들을 머릿속에 잘 코딩해 줘서 발표를 잘할 수 있도록 해요!"

'왜'라는 질문은 아이들의 생각을 자극하는 가장 좋은 질문입니다. '왜'라고 질문하면 자신이 아는 내용에 대해 다시 한 번 생각해 보게 되고, 몰랐던 것에 대해 생각해 보는 계기가 되기도 합니다. 이 질문을 통해 아이는 상황에 대한 통찰력을 기를 수 있습니다. 그리고 스스로 답을 찾고 행동할 수 있습니다.

또한 잘못된 행동을 바로잡을 때도 '왜'라는 질문을 통해 효과적으로 훈육할 수 있습니다. 교실에서 한 친구가 발표할 때 다른 아이가 큰 소리로 떠들기 시작했습니다. 그 친구에게 "친구가 발표할 때는 조용히 해야지." 하고 지적하지 않고 질문을 던집니다.

"친구가 발표할 때는 어떻게 해야 할까?"

"…… 잘 들어 줘야 해요."

"왜 잘 들어 주어야 할까?"

"발표할 때 떠들면 그 친구가 속상할 수도 있으니까요."

"잘 알고 있네!"

간단한 대화 몇 번으로 아이는 자신의 잘못을 정확하게 알아차립니다. '왜 잘 들어 주어야 할까?'라는 질문이 앞으로 어떻게 행동해야 할지 깨닫게 합니다. 때로는 설명보다 질문이 효과적입니다. 아이 스스로 통찰할 수 있도록 하는 적절한 질문은 아이의 행동 방향을 깨닫게 하고, 유연한 사고를 길러 줄 수 있습니다.

논리적으로 사고하는 아이는 논리적으로 말할 수 있습니다. 유연한 사고를 가진 아이는 창의적 표현이 가능합니다. 질문은 언제 어디서나 가능합니다. 질문으로 끊임없이 아이의 생각을 자극해 주세요. 생각하는 힘을 길러 주면, 아이들은 수다쟁이가 된답니다.

❸ 아이를 수다쟁이로 만드는 엄마의 리액션 방법

아이와의 대화에서 엄마는 '방청객'이 되어야 합니다. 작은 이야기에도 신나게 반응해 주어야 합니다. 엄마의 반응에 따라 아이는 수다쟁이가 되기도 하고, 과묵한 사춘기 소년 소녀가 되기도 합니다.

> 다른 사람의 이야기를 진지하게 들어 주는 경청의 태도는 우리가 다른 사람에게 나타내 보일 수 있는 최고의 찬사이다. —카네기

질문은 관심의 표현입니다. 아이가 말하도록 하기 위해 무조건 질문하는 것보다 먼저 열린 마음으로 들어 주는 자세가 필요합니다. 내 말에 귀 기울이는 엄마의 따뜻한 눈빛과 태도에서 아이들은 자신감을 얻습니다. 아이의 이야기에 귀 기울이기 시작하면 아이는 금세 수다쟁이로 변합니다.

일주일에 한 번 수업하는 키즈 스피치 교실에서는 아이들이 가방을 내려놓기 무섭게 너도나도 선생님을 향해 달려옵니다. 일주일 동안 있었던 재미있는 일에 대해 이야기하고 싶어 안달이 나 있습니다. "선생님 저 주말에 뭐 했는지 아세요?", "선생님! 저 아빠하고 고기 먹으러 갔어요!", "선생님 저 영어학원에 새로 갔는데요!" 등등. 그러면 저는 방청객이 되어 수다쟁이 친구들에게 일일이 반응해 줍니다. "주말에 뭐 했는데? 재미있는 일이 있었구나!", "어머나 세상에!", "새로운 걸 배우기 시작했구나? 대단하다!" 이렇게 아이들과 질문을 주고받으며 대화를 한 후에 수업을 시작하면 아이들의 수업 참여도가 높아집니다. 발표시간이 오면 너도나도 발표하려고 손을 듭니다. 아이들에게 '선생님은 무슨 말을 해도 잘 들어 준다.'라는 인식이 생겼기 때문입니다. 자신의 이야기를 잘 들어 주는 사람에게는 자꾸만 이야기하고 싶어집니다. 아이를 수다쟁이로 만들어 주는 방청객 모드. 그렇다면 아이들의 이야기에 어떻게 반응해 주는 것이 좋을까요?

➔ 아이의 마지막 말을 한 번 더 반복해 언급하기

"오늘 옆 반이랑 피구했어요."

"옆 반이랑 피구했어? 재미있었겠네! (반응) 언제 피구했어? (질문)"

"엄마! 나 상장 받았어요!"

"상장 받았어? 대단하다! (반응) 무슨 상장인데? (질문)"

➔ 아이의 마음이나 상태를 헤아려 주는 반응 하기

"기뻤어요! 그런데, 다른 반 친구들이 너무 아쉬워해서 기쁜 티를 많이 내지는 않았어요."

"다른 반 친구들을 배려해 줬구나. 기특하다. 오늘은 비가 와서 좋은 추억이 생겼네."

"내가 오늘 예슬이랑 짝을 하고 싶어서 같이 앉자고 말했는데, 예슬이가 다른 친구랑 앉아 버렸어."

"이런 속상했겠구나. 그럼 누구랑 앉았어?"

➔ 추궁하듯 질문하는 것은 금물!

취조하듯이 언제 했어? 어디서 했어? 왜 했어? 이렇게 추궁하듯 물어보는 것은 좋은 방법이 아닙니다. 아이가 적절한 대답을 할 수 있도록 열린 질문을 통해 유도해 주는 것이 중요합니다.

감정 표현을 잘 못하는 아이, 자기표현 코칭법

'말'은 왜 필요할까요? 내 생각이나 기분을 타인에게 전달하기 위해서입니다. 하지만 아이들은 현재 상태나 기분을 말로 표현하는 연습이 되어 있지 않아서 정확하게 잘 전달하지 못합니다. 사실 다 큰 어른들도 감정을 말로 표현하는 것이 쉽지는 않습니다. 그래서 때로는 상대를 오해하기도 하고, 오해를 받기도 하죠. 이제는 자기표현이 너무나 중요한 시대입니다. 내 생각과 느낌을 겉으로 표현하지 않으면 아무도 알아주지 않습니다. 하지만 가정이나 학교에서는 아이들이 굳이 말로 마음을 표현하지 않아도 원하는 걸 얻거나 버티면 상황이 종료되는 경우가 많습니다. 어쩌면 아이가 감정을 말로 표현하는 연습이 되어 있지 않은 것이 아니라, 연습할 기회가 없었는지도 모릅니다.

아이들이 투닥거리면 엄마가 중재에 나섭니다.

"왜 싸우니?"

혼이 날 것 같으니까 첫째가 울음을 터뜨립니다. 철없는 둘째는 누나가 우니 같이 웁니다. 그렇게 한참을 우는 아이들을 보며 묻습니다.

"왜 울어?"

첫째는 말할 생각이 없습니다. 그저 울기만 하니 엄마는 답답합니다. 상황을 보아하니 첫째가 가지고 놀던 장난감을 둘째가 마음대로 뺏으면서 싸움이 시작되었고, 첫째는 엄마한테 혼날 것 같으니 억울하기도 하고 무섭기도 하고 복잡한 마음에 울음이 터진 듯합니다.

"동생이 장난감 빼앗아 갔어?"

"(끄덕끄덕)"

"너 누나 장난감 빼앗아 갔어?"

"아니 그게 아니고!"

"됐어. 장난감은 사이좋게 가지고 놀아야지. 누나 장난감 가져가면 되니, 안 되니?"

"아니, 내가 먼저 가지고 놀려고 했었는데…….."

"너네 자꾸 싸우면 이제부터 장난감 안 사 줄 거야. 누나한테 사과해."

"아니~, 아…….."

"쓥! 사과해. 얼른 누나한테 '미안해' 해."

"미안해."

"넌 '괜찮아' 해."

"괜찮아."

"둘 다 세수하고 와. 이제 사이좋게 놀아. 알겠지?"

첫째는 말을 한마디도 안 하고 동생에게 사과도 받았고, 장난감도 다시 가지고 놀 수 있게 되었습니다. 어른들은 상황만 봐도 저 아이가 왜 우는지, 지금 어떤 마음인지 대강 알 수 있기 때문에 아이가 말로 이 상황을 표현하지 않아도 '너 이래서 우는 거지?', '○○이가 잘못했네.' 하고 바로 상황을 해결해 버리는 경향이 있습니다. 이런 상황이 반복되면 아이들은 '내가 말로 표현하지 않아도 나의 침묵이 길어질수록 상대가 내 마음을 얼추 비슷하게 알아줄 것이고, 그럼 곧 문제가 해결된다.'는 것을 알게 되어 입을 닫아 버립니다.

집에서 이런 상황을 반복적으로 경험하게 되면 첫째는 감정을 말로 표현하지 못하고 의존적인 아이로 자랄 가능성이 높습니다. 집에서 내가 감정을 말로 표현하고 해결하는 경험을 하지 못한 아이들은 학교에 가서도 똑같이 입을 꾹 다물고 앉아 있습니다. 문제는 '우는 아이 젖 준다.'는 속담이 있듯 표현하지 않고 가만히 앉아 있는 아이는 늘 양보하게 되거나 억울한 채로 상황이 끝나 버리는 때가 많다는 것입니다. 둘째도 마찬가지입니다. 매번 자기가 상황을 설명해 보기도 전에 엄마가 이미 '됐어!' 하고 말을 잘라 버리니 억울함만 커집니다. 나중에는 '어차피 말해도 소용없어.'라고 생각하며 말하기를 포기하게 되겠죠.

집에서의 상황들을 곰곰이 돌아봐 주세요. 아이들이 자기표현 연습이 되지 않은 것이 아니라, 엄마가 말로 감정 표현을 할 기회를 주지 않은 것이 아닌지 생각해 보아야 합니다. 아이가 말할 때까지 기다리지 못하고 엄마가 감정을 대신 말로 표현해 주는 것, 아이의 말을 끝까지 듣지 않고 상황을 해결해 버리는 것, 겨우 말을 했다 하더라도 엄마의 기준에서 판단하고 요구사항을 들어주지 않는 것들이 아이에게 자기표현을 할 수 있는 기회를 빼앗는 것이랍니다.

말을 해야 상대가 알아준다는 인식을 가질 수 있도록 아이가 일일이 말로 표현할 수 있게 해 주세요. 그리고 기다려 주세요. 어렵사리 아이가 자신의 감정을 표현했다면 아이의 요구사항에 최대한 귀 기울여 주세요. 이러한 경험들이 자신의 감정을 건강하게 표현하는 아이로 성장하게 할 뿐만 아니라 타인의 감정에 공감하고 귀 기울이는 멋진 어른으로 성장할 기회가 된답니다.

💬 눈물만 흘리던 아이, 입을 떼다!

키즈 스피치 수업시간, MC놀이를 위해 두·명씩 조별 수업을 진행했습니다. 여자 MC는 나래, 남자 MC는 동원이 두 명이서 한 조가 되었습니다. 나래는 평소 말이 없고, 소극적인 친구였습니다. 자신의 의견을 내세우기보다는 친구들에게 양보하는 일이 많고 문제 상황이 생기면 적극적으로 해결하기보다 눈물이 먼저 나는 아이였습니다. 조별로 자유롭게 연습해 보는 시간, 동원이가 연습은 하지 않고 장난을 치기 시작합니다. 그 모습을 바라만 보던 나래가 곧 울음을 터트립니다. 울고 있는 나래에게 다가가 물었습니다.

"나래야, 왜 울고 있니?"

"……."

울기만 하는 나래를 교실 밖으로 데리고 나가 왜 울고 있는지 말해 달라고 했습니다.

"나래야, 선생님이 마법사처럼 나래가 말하지 않아도 나래 마음이 어떤지 알 수 있으면 좋은데, 선생님은 마법사가 아니라서 나래가 말해 주지 않으면 잘 몰라. 선생님에게 나래가 왜 우는지 말해 줄 수 있겠니?"

한참 동안 말을 하지 않고 있는 나래를 묵묵히 기다려 주었습니다.

"울어도 괜찮아. 나래가 진정된 후에 왜 울었는지, 이제 어떻게 하고 싶은지 말해 주면 선생님이 나래를 도와줄 거야."

그렇게 한참을 기다려 주자 나래가 입을 열었습니다.

"나는 연습하고 싶은데 …… 오빠가 …… 시끄럽게만 하고…… 속상해요."

말하고 나서 복받치는 감정에 더 서럽게 우는 나래를 달래 주며 말해 줘서 고맙다고 이야기했습니다. 그러고 나서 나래에게 물었습니다.

"나래가 많이 속상했겠구나. 그럼 선생님이 어떻게 해 줄까?"

"오빠가 장난 못 치게 해 주세요."

다그치지 않고 끈기 있게 기다려 주자 나래는 지금 자신이 어떤 상황인지, 무엇을 느꼈고, 어떻게 하고 싶은지 이야기했습니다. 똑 부러지게 이야기하지는 못했지만, 일단 울기만 하지 않고 스스로 이야기를 했으니 변화가 시작된 것입니다. 저는 약속대로 이 문제를 해결해 주었습니다. 이런 친구들은 울지 말고, 정확하게 내 감정을 표현하고 상대에게 요구하면 스스로 문제를 해결할 수 있다는 경험을 반복하는 것이 아주 중요합니다. 그러기 위해서는 아이가 이야기할 때까지 기다려 주는 엄마의 인내심이 필요하겠죠. 같은 상황이 몇 번 반복되자 수업시간 나래는 이제 더 이상 울지 않았습니다.

"선생님, 이 대사는 안 하고 싶어요. 다른 걸로 바꿔도 될까요?"라고 요구하기도 하고, 일일 반장을 뽑을 때도 한 번도 손 들지 않았던 나래가 어느 날은 제게 와서 "선생님, 내일은 제가 반장을 해 보고 싶어요."라고 이야기하기도 했습니다.

맘스 코칭 TiP

감정 표현을 잘 못하는 아이, 자기표현 코칭법 3단계

동생이 장난감을 빼앗아 갔다고 울기만 하는 아이가 있다고 가정해 봅시다. 앞서 나왔던 이 상황을 통해 감정 표현을 잘 못하는 아이에게 엄마가 해 줄 수 있는 올바른 자기표현 코칭법 3단계를 알아보겠습니다.

자기표현 코칭법은 3단계로 이루어집니다.

1단계 – 감정 말하게 하기
2단계 – 원인 설명하게 하기
3단계 – 해소 방법 말하게 하기

1단계 감정 말하게 하기

감정을 표현해야 하는 상황일 때 아이가 반드시 말로 표현할 수 있도록 해 주세요. 지금 내가 어떤 감정을 느끼고 있는지 스스로 생각할 수 있는 시간을 충분히 줘야 합니다. 울기만 한다거나 몹시 화를 내거나 짜증을 낼 때 감정만 표출하는 게 아니라 상대에게 지금 내가 어떤 감정을 느끼고 있는지 말로 설명할 수 있도록 해야 합니다. 아이가 자신의 감정상태를 이해하고 말할 수 있도록 엄마가 질문해 주세요.

"왜 울고 있니? 엄마한테 지금 어떤 감정인지 말해 줄래?"

"슬픈지, 답답한지, 억울한지, 너무 기뻐서 눈물이 나는 건지 곰곰이 생각해 봐. 그리고 엄마한테 이야기해 줘."

"○○이가 지금 느끼는 감정을 말해 줘야 엄마가 어떤 상태인지 알고 ○○이를 도와줄 수 있어."

2단계 원인 설명하게 하기

지금 느끼는 감정을 아이가 스스로 해소할 수 있도록 해 주는 것이 가장 중요합니다. 감정을 해소하기 위해서는 감정의 원인을 찾아야 합니다. 엄마가 감정을 정의해 주고, 그 감정을 해소할 해답을 제시해 주는 것이 아니라 아이가 스스로 원인을 찾을 수 있도록 해야 합니다. 아이가 감정을 이야기했다면 왜 그런 감정이 들었는지 생각해 볼 수 있도록 해 주세요.

"왜 슬퍼서 눈물이 났어?"

3단계 해소 방법 말하게 하기

아이들의 말하기 습관에서 가장 중요한 것은 감정을 말로 표현한 후에 해소 방법을 상대에게 제시할 수 있어야 한다는 것입니다. 단순하게 감정을 말하거나 상황을 설명한 것만으로는 제대로 감정을 해소하기에는 부족합니다. 그래서 어떻게 하고 싶은지, 어떻게 해 주면 마음이 풀릴 것인지 아이가 스스로 엄마에게 이야기할 수 있도록 해 주어야 합니다. 아이가 엄마에게 감정에 대해 말하고 원인도 설명했다면 이제 어떻게 하고 싶은지 물어봐 주세요.

"○○이가 장난감을 가지고 놀고 있었는데, 동생이 장난감을 빼앗아 가니까 속상해서 눈물이 났구나. 그래서 어떻게 했으면 좋겠어?"

 자기표현 코칭 중 엄마가 절대로 해서는 안 될 두 가지

❶ 아이의 감정을 엄마가 짐작하지 말 것

"밥 먹기 싫어? 가 그럼."

아이의 문제 행동을 보고 엄마가 아이의 감정 상태를 짐작해서 판단하고 상황을 종료시켜 버리는 것은 아이에게 자신의 상태를 말로 설명할 기회를 주지 않는 것입니다. 빨리 이 상황을 넘기고 싶어서 엄마가 다 말해 주고 행동까지 제시해 주지는 않으셨나요? 시간이 걸리더라도 아이가 스스로 감정을 표현하고 설명하고 해소할 수 있도록 기다려 주세요.

❷ 아이의 감정을 엄마가 판단하지 말 것

"그게 울 일이니?"

사람의 감정은 평가하거나 판단할 수 있는 대상이 아닙니다. '감정' 자체를 나쁜 감정과 좋은 감정으로 구분할 수 없습니다. 감정으로부터 비롯된 행동이 문제가 되는 것이지요. 화가 난다고 해서 물건을 던지거나 다른 친구를 때리는 행동은 분명 잘못된 행동입니다. 하지만 '화'라는 감정 자체가 잘못된 감정은 아닙니다.

아이가 잘못된 행동을 했다면 감정 자체를 부정할 것이 아니라 감정으로부터 비롯된 옳지 못한 행동에 대해 짚어 주고 올바르게 해소할 수 있는 방법을 알려 주세요.

아이를 이기는 협상가로 만드는 설득 코칭법

설득은 타인의 마음을 움직여 원하는 것을 얻는 것을 말합니다. 이때 커뮤니케이션 능력, 즉 스피치 능력은 상대의 마음을 움직일 수 있는 가장 강력한 도구입니다. 삶은 설득의 연속입니다. 원하는 것을 얻는 삶을 위해서는 설득의 기술이 필요합니다. 사회에서도 타인을 잘 설득하는 사람들은 본인이 목표한 곳까지 빠르게 성장합니다. 이런 사람들은 면접도 거뜬히 통과하고 프로젝트도 척척 성공시킵니다. 이러한 협상은 사회에서만 이루어지는 것은 아닙니다. 집에서도 아이와 엄마는 수없이 협상 테이블에 앉습니다. '엄마, 오늘은 학원 안 가고 싶어요.', '스마트폰 사 주세요.', '강아지 키우고 싶어요.' 등 아이와 협상을 해야 할 상황이 빈번하게 발생하죠. 이때 아이들에게 설득의 기술을 위해 아리스토텔레스의 설득의 3요소를 알려 주거나, 사람들에게 신뢰를 받을 수 있는 중저음의 멋진 목소리를 연습시키는 것보다 아이가 직접 설득 과정을 경험하고 그를 통해 협상의 기술을 스스로 터득할 수 있도록 하는 엄마의 설득 스피치 코칭법이 있습니다.

🗨 아버지에게 배운 설득 스피치

제가 어릴 적 저희 부모님은 제가 무언가를 요구하면 절대로 그냥 들어주시는 법이 없었습니다. '설득'이라는 큰 관문을 지나야 제가 원하는 것을 얻을 수 있었습니다. 그 당시 저 또한 강아지를 무척이나 가지고 싶어 했습니다. 초등학교 3학년 때 아버지에게 강아지를 사 달라고 조르기 시작했습니다. 그러자 아버지가 물으셨습니다. "강아지를 왜 가지고 싶니?" 저는 주절주절 이야기했습니다. "너무 귀엽고, 내 친구도 강아지가 있는데 놀러 가서 보니까 나도 강아지 키우고 싶고……." 그맘때 아이들이 그렇듯 눈만 마주치면 강아지를 사 달라고 졸랐습니다. 어느 주말, 아버지가 저를 불러 앉히셨습니다. "강아지는 그냥 예뻐서 살 수 있는 물건이 아니야. 소윤이처럼 살아 있는 생명이야. 강아지를 키우기 위해서는 책임감도 필요하고 ……." 한동안 한 생명을 키우는 데 필요한 책임감과 강아지를 사게 되었을 때 일어날 수 있는 상황들을 쭉 설명해 주셨습니다. 그리고 강아지를 꼭 사고 싶은 이유와 강아지를 샀을 때 일어날 수 있는 불편한 일들도 함께 적어 오라며 '강아지를 키웠을 때의 장점과 단점'이라고 쓴 종이를 주셨습니다.

강아지를 키웠을 때 <u>장점</u>

1. 강아지가 귀여워서 기분이 좋아진다.
2. 산책을 함께할 수 있어 운동이 된다.
3. 부모님과 가족이 있어서 사람에 대한 사랑은 알지만 동물과는 함께 살고 있지 않아서 동물에 대한 사랑을 모른다. 동물과 함께 살면 동물에 대한 사랑을 배울 수 있을 것이다.

강아지를 키웠을 때 <u>단점</u>

1. 대소변을 치워 줘야 한다.
2. 집을 오래 비우지 못한다.
3. 강아지에게 있는 균이 나와 동생에게 옮길 수 있다.

강아지가 너무나 가지고 싶었던 저는 며칠을 고민하며 친구들에게도 물어보고 어머니와도 상의해서 적어 갔습니다.

장단점을 써 보며 최대한 장점이 부각되어야겠다는 것을 본능적으로 알 수 있었고 장점 세 가지를 썼을 때는 꽤나 뿌듯한 생각이 들기도 했습니다. 뒤이어 단점을 쭉 쓰다 보니, 아버지가 단점을 보고 '이것 봐라! 역시 강아지는 안 되겠구나.'라고 할까 봐 단점을 보안할 수 있는 약속들도 함께 생각해 보게 되었습니다.

그다음 주말 다시 아버지와 협상 테이블에 앉았습니다. 열심히 써 간 종이를 보며 예상했던 대로 아버지는 이 단점들을 어떻게 극복할 수 있겠냐고 물으셨습니다. 저는 비장한 눈빛으로 "첫째, 대소변을 잘 가릴 수 있도록 열심히 훈련시킬 것이며 강아지 대소변은 저와 제 동생이 치우겠습니다. 둘째, 강아지가 외롭지 않도록 잘 놀아 줄 것입니다. 셋째, 강아지를 일주일에 한 번은 꼭 씻기겠습니다."라고 미리 준비해 두었던 대안들을 말씀드렸습니다. 그리고 아버지와 협상을 통해 몇 가지 조항들을 더 추가했습니다. 드디어 위 약속들을 잘 지킨다는 조건으로 강아지를 사 준다는 약속을 받아냈습니다.

협상은 아주 성공적이었습니다. 내 힘으로 아버지를 설득한 것 같아 너무나 기뻤습니다. 기쁨도 잠시, 아버지는 또 숙제를 내 주셨습니다. 어떤 강아지를 키우고 싶은지 조사를 해 오라는 것이었습니다. 동생과 함께 시츄, 코카스파니엘, 요쿠셔테리어 등 다양한 강아지의 종류와 특성들을 공부해 아버지와 이야기를 나누었습니다. 동생은 시츄를, 저는 요쿠셔테리어를 키우고 싶어 했습니다. 동생과 또 협상을 해야 했습니다. 의견을 조율해 코카스파니엘을 키우기로 협의했습니다. 그리고 그날 밤, 드디어 너무나 귀여운 코카스파니엘을 데리고 집으로 올 수 있었습니다. 아주 오랜 시간이 지난 지금까지도 강아지가 집에 오기까지 부모님과의 협상 과정이 어제 일처럼 생생합니다. 그리고 그날의 뿌듯함과 성취감도 여전히 강렬한 기억으로 남아 있습니다.

이후에도 저는 부모님과 이와 같은 협상 테이블에 수도 없이 앉았습니다. 고등학교에 올라가 친구들과 여행을 가기 위해서 아버지를 설득해야 했을 때는 여행 계획서를 제출하고 허락을 받기도 했습니다.

생활 속 부모님과의 협상과정에서 제대로 된 설득의 기술을 배울 수 있다면 아이는 이기는 협상가로 성장할 것입니다. 설득을 할 때는 어떤 말들이 효과가 있고 어떤 목소리로 말해야 하는가를 이론으로 공부하는 것이 아니라, 엄마 혹은 아빠와의 협상과정 속에서 스스로 협상의 기술을 터득하는 것이 가장 중요합니다. 엄마가 아이에게 가르쳐 주는 설득 스피치는 어느 기관에서도 배우기 힘든 경험입니다. 가정에서 설득 경험을 하는 것이 아이에게는 가장 강렬한 경험이 될 것이고 그 성공 경험이 사회로 나가 마주할 어떤 상황에서도 지혜롭게 헤쳐 나갈 용기가 되어 줄 것입니다.

● 저자가 고등학생 때 실제로 작성했던 여행 계획서

우원본

2008년 여름 방학 여행계획서

●여행정보

여행 장소	경기도 가평군 가평읍 송안리 용추계곡
여행 날짜	2008년 7월 20일 일요일 (무박 일일)
여행 인원수	대치학원학생 ~~12명 (남6,여6)~~ 11명
교통수단 및 이동경로	지하철 - 청량리역 - 기차 - 택시
여행 목적	1) 고등학교 입학을 기념하며 소중한 추억 만들기 2) 친구들과 친목도모 3) 여행과정에서 배울 수 있는 여러 가지 준비성 4) 자립성 기르기 5) 여러 가지 상황 처리 방법 배우기

●활동계획

```
AM  05:00  집합 <장소- 성내동 태평양약국 앞>
    05:44  둔촌역 출발
    06:30  청량리역 도착
    07:05  기차출발
    08:26  가평역 도착
    08:30  용추계곡으로 이동 <교통수단 - 택시>
    09:30  방갈로도착 <용추계곡여행>
    09:30  물놀이~

PM  12:00~  점심식사

    05:00~  저녁식사
    07:00   가평역 출발
    ~~08:36~~  기차출발 9시35분
    ~~09:57~~  청량리역 도착 10시 44분
    11:00   둔촌동 도착예정
```

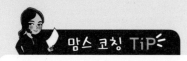

아이를 협상가로 키우는 법,
설득 스피치 코칭법

❶ 원하는 것을 말로 표현하게 하기

아이가 필요한 게 있을 때 그것을 정확하게 말로 표현할 수 있도록 도와주세요.
엄마는 아이가 왜 그것을 원하는지 알고 있더라도, 아이에게 말하게 한 후 엄마
가 듣고 이해해 주는 것이 좋습니다.

가령 아이가 스마트폰을 사 달라고 요구했을 경우, 왜 스마트폰을 가지고 싶은지
생각해 보고 정확하게 이야기할 수 있도록 해 주세요.

❷ 장점과 단점 생각해 보기

아이들이 요구하는 것들 중에는 스마트폰, 게임기처럼 무분별하게 사용했을 경우
생활에 악영향을 주기도 하는 것들이 있습니다.

부모는 이를 우려해서 아이에게 '눈 나빠져서 안 돼.', '중독돼서 안 돼.', '공부 안
해서 안 돼.' 등 안 좋은 점을 부각해 아이의 요구를 단호하게 거절하기도 합니다.
하지만 엄마가 문제점들을 나열해 알려 주는 것보다 아이 스스로 부정적인 면에
대해 인지하고 그에 대한 대안을 찾을 수 있도록 해 주는 것이 좋습니다.

종이에 장점과 단점을 나열해 보면 아이는 '가지고 싶다.'라는 맹목적인 마음에서
잠시 벗어나 문제를 객관적으로 바라보고 분석할 수 있습니다.

▶ 장점과 단점 써 보기

장점

단점

❸ 협상하기

스마트폰을 사 주기로 했다면, 하루 종일 핸드폰만 붙잡고 있어 학업에 지장이 있거나, 눈이 나빠지는 것을 방지하기 위해 아이와 분명히 사용시간과 사용법 등을 조율해야 합니다. 이때 '이번에 수학시험 100점 맞으면 스마트폰 사 줄게.' 혹은 '스피치 학원 다니면 스마트폰 사 줄게.'와 같이 엄마가 도전과제를 제시하지 말고 아이와 문제점에 대해 이야기를 나누고 대안을 찾아 함께 의견을 조율해 보세요.

"스마트폰을 사용했을 때 단점을 보니 하루 종일 사용하면 눈이 나빠질 수도 있고, 성적이 떨어질 수도 있다는 단점이 있네. 어떻게 하면 이것들을 방지할 수 있을까?"

"스마트폰 사용시간을 정해요."

"그럼 우선 등교했을 때와 하교했을 때로 나눠 볼 수 있겠다. 학교에서는 스마트폰을 어떻게 사용할래?"

"학교에서는 전원을 꺼 두는 것이 좋겠어요. 그리고 하굣길에 전원을 켤게요."

"그럼 집에 와서는 어떻게 사용할 계획이니?"

"숙제하거나 밥 먹을 때는 사용하지 않고, 자유시간과 주말에만 사용할게요."

"좋네."

"대신 주말과 자유시간에는 스마트폰을 자유롭게 사용할 수 있도록 해 주세요. 게임도!"

"그래, 좋아. 그런데 만약 사용시간을 잘 지켰는데도 공부에 방해가 되면 어떻게 할래?"

"그렇지 않을 거예요."

"아니야. 혹시 모르니 생각해 보는 것이 좋을 것 같아."

"그럼 스마트폰을 반납할게요."

"그렇다면 앞서 한 약속들을 어겼을 때는 어떻게 할래?"

"하루 동안 핸드폰 사용 금지?"

"그건 너무 처벌 강도가 약한 것 같은데?"

"그럼 3일로 해요."

"좋아. 정리해 보면 스마트폰은 하교 이후에만 사용한다. 하교 후에는 자유시간과 주말을 이용해서 사용한다. 이 규칙을 어겼을 때는 스마트폰 사용을 3일간 금지한다. 또 성적이 지금보다 10점 이상 떨어질 경우, 성적이 다시 오를 때까지 스마트폰을 반납한다. 어때?"

"좋아요."

＊ 아이와 협상을 할 때는 감정을 내세우지 않고 차분히 이야기해야 합니다. 또 엄마만 일방적으로 규칙을 제시하는 것이 아니라 아이가 자신이 지킬 약속들을 직접 만들 수 있도록 해야 합니다.

스마트폰 구입 계획서

- 스마트폰 구입 날짜 : 2018년 10월 7일

- 스마트폰 명의자 : 윤소윤

- 스마트폰 기종 : iphone

〈엄마와 약속〉

1. 학교에 있을 때는 스마트폰 전원을 끈다.

2. 하교 후에만 스마트폰을 사용한다.

3. 공부시간과 밥 먹는 시간 등 다른 일을 하며 스마트폰을 사용하지 않는다.

4. 위 약속을 어겼을 때에는 스마트폰 사용을 3일간 금지한다.

5. 성적이 10점 이상 떨어졌을 때는 성적이 다시 오를 때까지 스마트폰을 반납한다.

6. 자유시간과 주말에는 스마트폰을 자유롭게 사용해도 엄마가 잔소리하지 않는다.

엄마와 소윤이는 위 약속을 지킬 것을 약속합니다.

엄마 : 박 현 숙 (인)

딸 : 윤 소 윤 (인)

❹ 협상 내용 문서화하기

아이와 협상이 끝났다면 반드시 문서로 기록을 남겨 주세요. 협상 과정을 문서로 정리해 보면서 내용을 다시 한 번 정리할 수 있고, 말로 한 약속에 대한 책임감을 가지게 해 줍니다. 이때 가능하면 아이가 직접 문서를 작성할 수 있도록 해 주세요.

❺ 요구사항 들어주기

키즈 스피치 수업시간에도 아이들에게 엄마를 설득할 수 있는 방법들을 알려 줍니다. 엄마와 협상하는 법을 알려 주면 아이들이 하나같이 입을 모아 "이런 거 우리 엄마한테는 안 통해요!"라고 말합니다.

"만약 오늘 친구와 다퉈서 기분이 좋지 않아 도저히 학원에 가고 싶지 않은 날이라면 엄마한테 괜히 짜증을 내거나 가기 싫다고 억지를 부리는 것보다 오늘 친구와 있었던 일을 엄마께 구체적으로 설명해 보렴. 그리고 그런 이유로 오늘은 학원에 가지 않고 다음 주에 보강을 하는 것이 어떻겠느냐고 제안할 수 있다면 분명 엄마는 들어주실 거야."라고 이야기 하자 "우리 엄마는 네 기분 안 좋은 거랑 학원 안 가는 거랑 무슨 상관이냐고 말해요." 라고 대답합니다.

앞서 나왔던 모든 스피치 코칭팁들은 엄마가 아이의 요구를 들어주는 것에서부터 시작합니다. 아이가 엄마를 설득하려고 노력했다면 엄마는 반드시 설득당해 주어야 합니다. 아이들에게는 내가 정확하게 감정을 말로 표현해서 상대가 마음을 알아주었던 기억과, 논리적으로 이야기해 타인을 설득했던 경험을 맛보게 해 주는 것이 중요합니다. 이러한 경험은 아이가 사회에 나가기 전에 엄마만이 줄 수 있는 가장 강력한 성공 경험입니다. 스피치를 활용해 원하는 것을 얻어 낸 경험이 반복되어야만 엄마가 아이에게 온 마음을 다해 알려 주고 싶었던 모든 스피치 능력들이 비로소 아이의 자산이 될 것입니다.

창의력, 소통 능력, 기획력, 통합사고력과
스피치를 한 번에!

제 3 장

집에서 놀면서 배우는
키즈 스피치,
방송 놀이

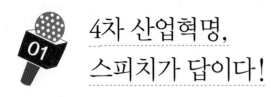

4차 산업혁명,
스피치가 답이다!

스마트폰이 등장하고 유튜브를 비롯한 다양한 영상 플랫폼이 활성화됨에 따라 요즘 아이들은 영상에 자연스럽게 노출되어 있습니다. 놀이터에 나가 뛰어노는 것보다 유튜브를 보며 노는 것이 익숙한 세대죠. 더욱 혁신적인 기술의 발달과 4차 산업혁명을 경험하게 될 아이들은 바야흐로 '영상의 시대'를 살게 될 것입니다.

최근 채용시장에도 변화가 감지되고 있습니다. 1차 서류심사에 이력서를 받는 것이 아니라 자기소개 동영상을 접수받는 기업들이 생겨나고 있습니다.

또한 2016년 9월부터 제주항공은 객실 승무원을 채용할 때 서류 대신에 인스타그램_{사진 및 동영상을 공유할 수 있는 소셜미디어 플랫폼}으로 지원자를 뽑는 '재주 캐스팅' 전형을 실시하고 있습니다. 재주 캐스팅은 지원자가 서류 접수 대신에 자신의 끼와 역량을 담은 1분 30초 정도의 동영상을 제주항공 인스타그램 계정으로 보내는 방식입니다. 제주항공은 이 영상으로 서류전형과 1차 면접을 대체합니다. 블라인드 채용의 한 유형인 재주 캐스팅은 이름처럼 지원자의 스펙보다는 열정과 재주, 콘텐츠를 보다 세밀하게 파악하여 인재를 뽑기 위한 채용 방식입니다.

　같은 해 이랜드 그룹은 실시간 인터넷 방송 '아프리카TV'를 통해 채용공고를 냈습니다. 2시간 동안 진행된 이 채용 방송에서는 실시간 댓글로 취업 준비생들의 채용 관련 질문을 받고 대답했습니다. 이랜드 채용 팀이 이틀간 실시한 온라인 채용 설명회는 누적 접속자 수가 1만4000여 명, 최대 동시 접속자 수 1,300여 명을 기록했습니다. 온라인 채용 설명회 후 지원자들이 몰리면서 이랜드 그룹은 채용 마감시간을 연장하기도 했습니다.

　또한 잡코리아에서 인사담당자를 대상으로 실시한 SNS 활용도 설문조사에 따르면 대기업, 공기업, 외국계 기업의 73.7%가 '지원자의 SNS 내용 및 활용 능력을 채용 결정에 참고한다.'고 답했습니다. 그 이유로는 자신을 효과적으로 드러낼 수 있는 SNS의 활용 능력을 보면 지원자에게 일정 수준 이상의 자기관리 능력과 마케팅 커뮤니케이션 능력이 있는지 평가할 수 있기 때문이라고 채용 전문가들은 분석했습니다.

　자신을 표현하고 드러내는 능력은 이제는 더 이상 끼 많은 사람들의 전유물이 아니라 4차 산업혁명을 살아갈 우리 아이들에게는 필수 요소입니다.

　자신의 의사와 생각을 표현하고, 매력적으로 나를 드러낼 수 있는 스피치 능력은 아이들이 자라면서 반드시 습득해야 할 기술 중 하나입니다.

말하고 싶어지는 환경
만들어 주기

> "아이들이 배우고 싶은 의지가 생길 만한 환경을 만들어 몰입시키고 분발시키고 집중시켜야 한다. 그런 환경을 만들어 주면 십중팔구 학생들은 자신의 기대뿐만 아니라 다른 모든 사람들의 기대까지 넘어서기 마련이다." – 《학교 혁명》 177p

　말 잘하는 자녀를 만들고 싶다면, 엄마가 말하고 싶어지는 환경을 만들어 주어야 합니다. 기존의 키즈 스피치 수업은 독서논술과 유사했습니다. 책을 읽고 내 생각을 말해 보거나, 주제에 관해 의견 발표를 해 보는 등 '발표'하는 행위 그 자체만 훈련했습니다. 현장에서 이러한 방식으로 수업을 진행해 보면 여러 가지 한계에 부딪힙니다. 우선 아이들이 금방 수업에 싫증을 느끼고 따분해합니다. 독서하는 것을 쓴 약 먹듯 하고, 자기 의견을 발표하는 것을 마치 숙제처럼 느끼는 아이들도 있습니다. 하지만 말을 잘하기 위해 분명 독서교육은 필요합니다.

　스피치는 꾸준히 훈련해야 합니다. 아이들과 함께 반복해서 훈련하려면 늘 새로운 콘텐츠가 필요합니다. 하지만 기존의 키즈 스피치 수업방식은 주제만 다를 뿐 같은 패턴의 수업이 반복되기 때문에 아이들이 금방 지루해하고, 지속적으로 훈련하기 어려운 구조를 가지고 있습니다.

저는 다년간 키즈 스피치 전문가로 활동하면서 이러한 문제점들을 파악하고 키즈 스피치만을 위한 독립적인 교육 콘텐츠의 필요성을 절실히 느꼈습니다. 아이들의 말문을 열기 위해서는 말하는 행위 자체를 재미있다고 느끼게 해 주어야 합니다. 그러기 위해서는 반드시 아이들이 즐길 만한 '놀이' 형태의 교육 콘텐츠가 필요합니다.

키즈 스피치는 일방적인 강의 형태가 아닌, 교육자와 피교육자가 함께할 수 있는 실습 위주로 진행될 때 최대의 교육효과를 낳습니다. 쌍방향 소통이 가능하고 아이들에게 엄청난 흥미를 느끼게 하는 가장 강력한 매체가 있습니다.

바로 '방송'입니다.

유년기 아이들은 누구나 관심받고 주목받고 싶어 하는 욕구가 있습니다. 마치 연예인처럼요. '텔레비전에 내가 나왔으면 정말 좋겠네~ 정말 좋겠네~.' 하는 노래도 있죠. 이러한 아이들의 욕구를 잘 이용하면 아이와 함께 재미있게 놀면서 스피치 훈련을 할 수 있습니다.

집에서 놀면서 배우는 키즈 스피치 '방송 놀이'

방송 놀이란 엄마와 자녀가 함께 방송을 제작하고 아이가 직접 방송 직업군을 체험해 보며 스피치 훈련을 하는 것을 말합니다. 앞으로 엄마와 함께할 방송 놀이는 다음의 방송 제작 단계를 거쳐 진행됩니다.

기획 ➡ 촬영 ➡ 편집 ➡ 완성

실제 방송 제작 시스템과 유사하게 집에서 엄마와 함께 방송 프로그램을 제작해 보는 것입니다. 이때 아이가 주인공이 되어 아나운서, 리포터, 크리에이터 역할을 하면서 재미있게 스피치 훈련을 할 수 있습니다.

아나운서 놀이를 통해 전달력과 논리력을 훈련할 수 있고, 리포터 놀이를 통해 공감 능력과 또래 커뮤니케이션을 연습할 수 있습니다. 또한 크리에이터 놀이를 통해 직접 프로그램을 기획, 제작하는 과정에서 창의적 문제해결 능력과 기획력을 기를 수 있습니다.

엄마와 함께하는 방송 놀이는 내용 구성법과 표현 기술을 함께 훈련할 수 있다는 것이 가장 큰 장점입니다. 처음에는 아나운서처럼 주어진 원고를 읽는 것으로 시작해서 나중에는 자신이 방송할 원고를 직접 작성할 수 있는 수준으로 성장하게 될 것입니다.

원고를 읽어 보며 전달력 향상 훈련을 할 수 있고, 작가가 되어 원고를 직접 작성하고 발표해 보면서 생각코딩 훈련을 할 수 있습니다.

단순히 발표를 '해 보는' 것에서 끝나는 것이 아니라, 자신이 발표하는 모습을 촬영해서 영상 결과물로 만들어 냅니다. 눈에 보이는 결과물이 있으니 스피치 훈련에 대한 동기가 생기고, 프로젝트를 완료했을 때 느끼는 성취감을 맛볼 수 있습니다. 또한 영상을 가족들과 함께 보면서 자기를 마음껏 뽐냄으로써 자존감과 자기 효능감이 높아져 당당하고 자신감 있는 아이로 성장하게 될 것입니다.

💬 수줍음 많은 아이 시윤, 유튜브 크리에이터가 되다

시윤이는 초등학교에 입학한 때부터 9살이 된 지금까지 제가 가르치는 키즈 스피치 반에서 꾸준히 방송 놀이 스피치 훈련을 함께한 친구입니다. 처음 만났을 때 시윤이는 무척 자신감이 없고 소극적인 아이였습니다. 또한 늦둥이로 태어나 또래 친구들에 비해 아성이 심했습니다. 아성이란 "밥먹었쩌요.", "그랬쩌요."와 같이 주로 5-7세 정도의 어린아이 말투를 말합니다. 목소리도 작고 발음도 부정확했습니다. 특히 앞에 나와서 이야기할 때는 지나치게 말이 빠르고 정확하게 소리를 내지 않아 발음이 뭉개져서 전달력이 매우 떨어졌습니다. 게다가 또래의 아이들이 그렇듯이 책을 읽는 것처럼 부자연스럽게 발표하는 전형적인 유형의 아이였습니다.

저는 시윤이와 함께 방송 놀이를 하면서 문제점을 분석하기 시작했습니다. 그리고 시윤이의 성향에 맞게 연극배우, 성우, 리포터, 기자, 아나운서, 라디오 DJ 등 다양한 유형의 방송 직업군을 활용해 스피치 훈련을 실시했습니다.

이제 시윤이는 스피치 반의 꼬마 선생님이 되었습니다. 발표만 하면 뒤로 숨던 시윤이를 찾아볼 수 없을 정도이지요. 시윤이는 새로 들어온 친구가 있으면 옆에 앉아서 어떻게 해야 하는지 꼼꼼하게 알려 줍니다. 자신감이 생기자 발표 자세에도 변화가 생겼습니다. 불안하던 시선이 안정되었고 자신감에 찬 눈빛은 빛이 나기 시작했습니다. 이제는 흔들리지 않고 당당하게 어깨를 펴고 정면을 응시하며 이야기합니다. 발음도 정확해졌습니다. 아나운서처럼 뉴스 원고를 읽으며 발음 훈련을 한 결과 지금은 크고 또박또박 말할 수 있게 되었습니다.

시윤이는 이제 어떤 주제로도 자신의 생각을 논리적으로 말할 수 있습니다. 방송 놀이 과정에서 생각풍선 툴을 활용해 원고를 작성하고 생각을 코딩한 후 말로 표현하는 것을 완벽하게 습득했기 때문입니다.

시윤이는 단기간에 성장한 케이스는 아닙니다. 하지만 포기하지 않고 꾸준히 훈련해서 지금은 자연스럽고 당당하게 발표합니다. 시행착오를 겪으며 오랜 기간 천천히 자신만의 스타일로 말하는 방법을 터득해 나갔기 때문이지요. 이 과정에서 저와 시윤이 부모님은 포기하지 않고 성장해 가는 시윤이를 묵묵히 지켜봐 주었습니다. 이 모든 것은 시윤이가 스스로 터득하고 훈련해서 성장한 결과입니다.

지금의 시윤이는 어려운 과제 앞에서도 물러서는 법이 없습니다. 스스로 방법을 찾아 한계를 극복해 나갔기 때문에 시윤이는 이제 무엇이든 할 수 있을 것 같다고 말합니다.

미래인재 핵심역량을 기르는 방송 놀이

엄마와 함께하는 방송 놀이는 단순히 스피치 능력을 향상시키는 것만을 목적으로 하지 않습니다.

세계적으로 이야기되고 있는 미래인재의 핵심 요소 네 가지가 있습니다.

미래인재 핵심 요소			
창의력	의사소통 능력	협업 능력	비판적 사고력

방송 제작 과정은 창의적인 활동입니다. 나만의 콘텐츠를 만들기 위해서는 창작 능력이 반드시 필요합니다. 자신만의 작품을 만들어 가다 보면 아이의 창의력은 자연스레 발달될 것입니다. 방송 놀이를 할 때는 우리 집이 작은 방송국이 됩니다. 그리고 온 가족이 우리 집 방송국에 근무하는 직원이 되죠. 이 구성원들이 함께 방송 프로그램을 제작하다 보면 의사소통 능력과 협업 능력을 기를 수 있습니다. 논리적인 과정을 거쳐 합리적인 의사결정을 해야만 성공적으로 프로그램을 만들 수 있기 때문입니다. 이때 아이는 수많은 문제에

부딪히고 그 문제를 해결하기 위한 방법을 강구해 낼 것입니다.

　문제해결 능력이 뛰어난 아이들은 통합적으로 사고합니다. 문제 상황을 하나의 시각으로만 바라보는 것이 아니라 다각적으로 검토하고 관련된 정보와 관련 없는 분야의 정보를 모두 취합해 종합적으로 문제를 해결해 나갑니다. 스피치는 통합사고력을 기르는 데 아주 좋은 교육 콘텐츠입니다. 내가 가진 지식과 정보 그리고 나의 경험을 접목하여 나만의 방법으로 표현하고 그것을 바탕으로 타인과 소통할 수 있기 때문입니다.

　전 세계 교육전문가들은 4차 산업혁명에 반드시 필요한 역량으로 '소통 능력'을 꼽고 있습니다. 엄마와 함께하는 방송 놀이 과정을 통해 스피치 능력뿐 아니라 미래인재의 핵심역량을 함양시킬 수 있습니다.

　엄마와 함께하는 '방송 놀이' 과정의 최종 목표는 아이의 '자립'입니다. 엄마는 그 길을 함께해 주는 페이스메이커 역할이면 충분합니다. 모든 아이는 무한한 가능성을 가지고 있고, 엄마의 인내심과 꾸준함만 있다면 아이는 언젠가 반드시 성장하기 마련입니다.

스마트폰 하나로
촬영부터
편집까지

엄마와 함께하는 '방송 놀이'의 핵심은 실제 방송과 유사한 결과물을 만든다는 것입니다. 아이들은 마치 자신이 방송에 나오는 것처럼 편집된 영상을 보는 것을 흥미로워합니다. 촬영본을 보다가 고쳐야 할 점을 발견하면 다음번 촬영에서 금방 개선합니다. 때문에 말하기 실력이 느는 효과가 있습니다. 그렇다면 전문 촬영장비나, 편집 방법들을 배워야 하냐구요? 아닙니다! 스마트폰 한 대만 있으면, 언제 어디서나 영상 촬영부터 편집까지 아주 쉽게 할 수 있답니다. 지금부터 그 비법을 공개합니다!

▶ 말하기에 흥미를 더해 줄 준비물

1. 블루투스 마이크

요즘 화제가 되고 있는 블루투스 마이크입니다. 마이크 아래의 네모난 부분이 스피커입니다. 따로 스피커에 연결하지 않아도 마이크에 대고 말하면 소리가 크게 출력되는 블루투스 마이크! 스마트폰에 연결하면 음악도 나온답니다.

키즈 스피치 수업에서 블루투스 마이크를 사용하면 아이들의 수업 참여도가 좋아집니다. 마이크로 발표해 보고 싶어 모두들 적극적으로 발표에 참여합니다. 아이들의 흥미를 자극할 만한 교구들을 활용하면 효과적으로 키즈 스피치 훈련을 할 수 있습니다. 블루투스 마이크가 아니더라도 시중에서 쉽게 구할 수 있는 마이크 모형을 준비하면 방송 놀이를 할 때 실제로 방송인이 된 듯한 느낌을 받을 수 있답니다.

2. 스마트폰 삼각대

스마트폰 삼각대를 사용해 촬영하면 흔들림 없이 안정감 있는 영상을 찍을 수 있습니다. 멀리서 찍어야 하거나 물체 위에 올려놓고 찍을 때 유용하게 사용할 수 있습니다. 엄마가 촬영하지 않고 직접 셀프 영상을 촬영할 때 사용할 수 있습니다.

▶ 클릭 몇 번으로 실제 방송영상 만들기! 동영상 편집 어플리케이션 추천

스마트폰 어플리케이션 〈 VIVA VIDEO 〉

어플리케이션 '비바비디오'를 활용하면 고퀄리티의 영상을 누구나 쉽게 제작할 수 있습니다. 제가 운영하는 유튜브 채널 〈윤스피치〉의 영상을 비롯해서 수업 때 촬영한 대부분의 발표 영상은 비바비디오를 사용해 만든 것입니다. 촬영 전 '비바비디오' 어플을 다운받아 두세요.

▶ 편집이 쉬워지는 촬영 비법

끊어 찍기 기능을 이용해 컷을 나눠 가며 촬영해 주세요.

영상은 컷으로 이루어져 있습니다. 스마트폰 영상 촬영 환경에서는 영상을 끊어 가며 찍을 수 없는 기기들이 있습니다. 촬영을 할 때부터 '비바비디오' 어플리케이션을 활용해 찍으면 원하는 지점에서 멈췄다가 다시 찍을 수 있어 따로 컷 편집을 하지 않아도 연결된 하나의 영상을 만들 수 있습니다. 촬영 버튼을 한 번 클릭하면 영상이 촬영되고 다시 클릭하면 촬영이 종료됩니다. 촬영을 할 때 영상을 나눠 찍었기 때문에 편집할 때 따로 영상을 분할하지 않아도 되어 수월하게 편집할 수 있습니다.

▶ 고퀄리티 영상을 만드는 편집 비법

▶ 타이틀

일일이 효과를 주지 않아도 타이틀에 들어가서 클릭 한 번으로 어플리케이션에서 제공하는 편집 툴에 영상이 자동으로 편집되는 기능입니다.

▶ 뮤직

영상의 분위기에 맞는 배경음악을 설정할 수 있습니다.

▶ 클립 편집

영상 자르기, 나누기, 속도 등을 조절할 수 있습니다.

▶ 텍스트 (자막 넣기)

가장 유용하게 사용되는 기능 중 하나입니다. 다른 툴을 활용하기 어렵더라도 영상에 자막을 넣어 주는 것만으로도 그럴듯한 영상을 만들 수 있습니다. 어플리케이션에서 제공하는 다양한 글씨체와 자막 툴을 활용해 필요한 자막을 넣어 보세요.

▶ 사진 삽입

영상 속에 사진 삽입도 가능합니다. 아래 사진 속 공주 이미지는 사진 삽입 기능을 활용해 사진을 첨부한 것입니다. 여러 가지 로고나 사진자료를 첨부할 수 있습니다.

▶ 스티커

영상에 여러 가지 스티커를 붙일 수 있습니다.
이 기능을 활용하면 TV예능 프로그램처럼 편집할 수 있습니다.

▶ 장면 전환

컷별로 나누어진 영상에서 다음 장면으로 넘어갈 때 다양한 영상효과를 넣을 수 있습니다.

▶ 사운드

이미 촬영된 영상에 내레이션이나 여러 음향효과를 직접 녹음해 영상에 입힐 수 있는 기능입니다. 영상에 효과음을 넣거나 직접 내레이션을 입혀 보세요.

▶ 특수효과

가장 유용하게 사용되는 효과 중 하나입니다. 이 효과를 통해 원하는 효과를 클릭하면 간단하게 영상에 CG효과를 줄 수 있습니다. 특효를 잘 이용하면 재미있는 영상을 만들 수 있습니다.

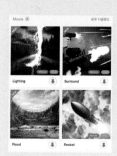

손쉽게 영상을 제작해 아이의 흥미를 유발하고 재미있게 방송 놀이를 즐겨 보세요. 재미도 두 배, 효과도 두 배가 된답니다.

제4장

기초훈련

발표 불안 극복 비장의 무기, 스피치 슈트

스피치 영웅이 되어라! '스피치 슈트'

대부분의 아이들은 영웅이야기가 나오면 눈이 반짝반짝해집니다. 키즈 스피치 수업시간 아이들에게 "아이언맨, 스파이더맨, 캡틴아메리카. 이 영웅들에 대해 설명해 줄 사람 있나요?"라고 질문하면 산만한 남학생들도, 수줍은 여학생들도 너도나도 손을 번쩍 들고 먼저 발표하고 싶어서 안달이 납니다.

영화 〈스파이더맨:홈커밍〉의 주인공 피터 파커는 평범한 14세 고등학생입니다. 피터 파커는 평소 소심하고 소극적인 학생입니다. 친구들이 놀려도 늘 참고 넘어가고, 좋아하는 여자가 있어도 쉽게 다가가지 못하는 지극히 평범한 학생이죠. 이런 피터가 '스파이더맨'일 거라고는 아무도 예상하지 못합니다. 평소 피터 파커의 모습에서는 슈트를 입고 건물 사이를 날아다니며 위기에 빠진 사람들을 구할 때처럼 용감한 영웅의 모습이라고는 눈 씻고 찾아봐도 찾아볼 수 없으니까요.

그러던 어느 날, 피터 파커에게 아이언맨이 업그레이드된 기능을 장착한 스파이더맨 슈트를 선물합니다. 천하무적으로 변할 수 있는 스파이더맨 슈트를 입은 파커는 완전히 딴사람으로 변합니다. 소극적인 피터의 모습은 온데간데 없고 자신감 넘치고 유쾌한 '스파이더맨 피터'로 변신합니다.

아이언맨이 선물한 스파이더맨 슈트는 이전에 피터가 직접 만들어 사용하던 슈트와는 차원이 다른 최첨단 기능이 장착된 슈트입니다. 인공지능 기능부터 다양한 거미줄 발사 기능, 실시간 녹화 기능, 드론 기능 등 일일이 열거하기도 어려울 만큼 멋진 기능들이 탑재된 슈트입니다.

하지만 이 슈트를 입는다고 해서 바로 스파이더맨이 되어 모든 기능들을 자유자재로 사용할 수 있는 건 아닙니다. 자신에게 맞는 기능을 찾기 위해 끊임없이 공부해야 합니다. 그리고 이 기능들을 더 효과적으로 사용하기 위해서는 충분한 연습도 필요합니다.

발표시간에 아이들에게 스파이더맨처럼 스피치 영웅으로 변신할 수 있는 '슈트'가 생긴다면 어떨까요? '스피치 슈트'의 기능들을 이용하면 발표할 때 절대로 떨리지도 실수도 하지 않을 거예요. 게다가 머릿속 생각도 알아서 논리적으로 정리하고, 목소리도 씩씩하고 힘차게 나오고, TV에 나오는 연예인들처럼 자연스럽게 말하고, 관객의 주의를 집중시킬 수 있게 되는 스피치 슈트!

세상을 구하기 위해 아이언맨이 스파이더맨에게 최첨단 '스파이더맨 슈트'를 선물했듯 엄마도 아이에게 언제 어디서든 멋지게 발표할 수 있도록 '스피치 슈트'를 선물해 주면 좋겠습니다.

아이와 함께 스피치 슈트를 만들어 보는 활동에는 다음 두 가지 효과가 있습니다.

1. 스피치에 필요한 능력을 미리 탐구해 볼 수 있어요

말을 잘하기 위해서는 다양한 기술들이 필요합니다. 앞서 살펴보았던 생각코딩 기술부터, 여러 표현 기술들까지 훈련해야 할 기술들이 많이 있습니다.

효과적으로 공부하는 방법 중 하나는 책의 목차를 먼저 공부하는 것입니다. 전교 일등의 공부비법을 인터뷰하면 빠짐없이 등장하는 말이 있습니다.

"교과서 위주로 공부했어요. 공부를 시작하기 전에 교과서의 목차를 먼저 보는 것이 제 공부비법입니다."

실제로 목차를 먼저 공부하는 것이 학습효과를 높일 수 있습니다. 목차를 보면 전체의 흐름을 알 수 있고, 흐름에 맞게 지식을 습득해 나가는 것이 학습에 훨씬 효과적이기 때문입니다. 스피치 기술을 연마하는 것도 '전교 일등의 공부비법'과 다르지 않습니다. 엄마와 방송 놀이를 통한 스피치 훈련을 하기에 앞서 아이가 어떤 것들을 훈련해야 하는지 알아보는 것으로 학습효과를 높일 수 있습니다.

2. 심리적 긴장감 완화 효과로 발표 불안을 극복할 수 있어요

대학로에서 연극배우로 활동할 때 있었던 일입니다. 첫 작품에 주연을 맡아 심리적 부담감이 엄청났습니다. 첫 대본 리딩을 앞두고 대선배들 앞에서 대본을 읽을 생각을 하니 며칠 동안 밥도 제대로 넘어가지 않았습니다.

그때 어머니가 저를 방으로 조용히 부르셨습니다. 그러고는 은반지 하나를 건네셨습니다. 아무 무늬도 없는 동그란 은반지 안에는 '王(왕)'이라고 새겨져 있었습니다.

"이게 뭐야?"

"부적이야. 무대 올라가기 전에 이 반지를 끼고 '내가 왕이다!'라고 열 번만 생각하고 무대에 올라가. 그럼 절대 실수하지 않을 거야."

드디어 처음으로 무대에 올라가던 날, 공연 시작을 알리는 음악소리가 들리고 무대와 관객석에는 어둠이 찾아왔습니다. 관객들은 숨죽이고 나의 등장만을 기다리고 있고, 핀 조명이 떨어지기만을 기다리는 백스테이지에 서 있던 그 순간! 긴장감은 불안을 넘어 공포로 다가왔습니다.

그때 엄마가 주신 반지를 꼭 쥐고 마음속으로 '나는 왕이다! 내가 최고다!'라고 중얼거리며 주문을 걸기 시작했습니다. 그러자 거짓말처럼 마음이 조금씩 안정됐습니다.

엄마가 주신 반지 덕분에 긴장감을 이기고 힘차게 무대로 걸어 나갈 수 있었습니다. 제게는 은반지가 스피치 슈트였던 셈이죠. 그 후로도 지금까지 중요한 강의가 있을 때는 엄마가 주신 그 반지를 반드시 끼고 나간답니다.

이렇듯 누구나 행운의 물건을 하나쯤은 가지고 있습니다. 신으면 왠지 일이 잘 풀리는 양말, 발표가 있을 때는 꼭 매는 빨간 넥타이, 중요한 문서에 사인할 때마다 쓰는 만년필…… 결정적인 순간에 의지할 수 있는 나만의 무기들은 언제나 좋은 결과를 가져다줍니다.

엄마와 함께 만들어 가는 스피치 슈트가 앞으로 아이들에게 저의 기적의 반지와 같은 역할을 하기 바랍니다.

"긴장이 되면 엄마와 만든 스피치 슈트를 기억해 봐!

스피치 슈트에는 엄마와 함께 코딩해 둔 엄청난 기능들이 있잖아!

호흡을 한 번 가다듬고 지금부터 변신!

자, 이제 영웅이 될 차례야!"

Work Book

키즈 스피치 교실의 첫 시간에는 발표 전에 아이들에게 용기를 불어넣어 줄 스피치 슈트를 만드는 것으로 시작합니다.

스피치 슈트 만드는 법

● 준비물 : 전지, 매직, 색연필

Step 1 ─ 스피치 슈트 기능 공부하기

Step 2 ─ 전지에 나만의 스피치 슈트 디자인하기

Step 3 ─ 스피치 기능 코딩하기

Work Book

Step 1 ── 스피치 슈트 기능 공부하기

스피치 슈트에는 크게 세 가지 부분으로 나눠 기술을 코딩하게 됩니다.

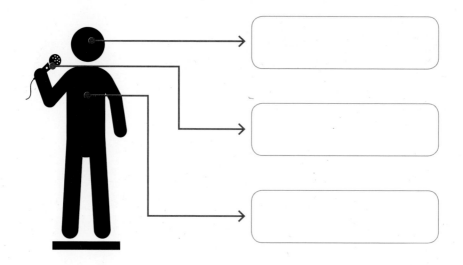

💬 **생각 기술 :** 말의 내용에 관련된 기능을 코딩합니다.

생각코딩 기능, 생각을 정리하는 능력, 어휘력, 논리력, 사고력, 창의력, 기획력, 문장력, 표현력, 설득력, 소통 능력, 암기력, 지식, 통합사고 능력 등.

● **아이들이 코딩한 생각 기술**

지식이 샘솟는 기능, 뭐든지 외워지는 암기 기능, 어휘력 파워 업 기능.

💬 **신체 기술** : 스피치 기술에 해당하는 신체 기능을 코딩합니다.

목소리, 볼륨 조절 능력, 호흡, 발음, 발성, 말의 빠르기 조절 능력, 자유로운 몸짓, 천천히 말하기, 빨리 말하기, 크게 말하기, 단어를 강조해서 말하기, 리듬 감 있게 말하기 등.

● **아이들이 코딩한 신체 기술 표현**

위대한 목소리 기능, 지루하지 않게 말하는 기능, 목소리 조절 기능, 센스 있 게 말하는 기능.

💬 **마인드 기술** : 스피치 태도와 마음가짐에 해당하는 기능을 코딩합니다.

자신감, 용기, 대담함, 매력, 기대, 책임감, 가치, 소중함, 자랑스러움, 인정, 희망 등.

● **아이들이 코딩한 마인드 기술**

상대의 마음을 빼앗아 버리는 기능, 눈치 파워 업 기능, 긴장하지 않는 버튼, 용기가 샘솟는 버튼.

위 내용을 참고하여 아이와 함께 스피치 슈트에는 어떤 기능이 들어가면 좋을 지 브레인스토밍하는 시간을 가져 보세요. 엄마가 생각하지 못했던 기발한 기능 들을 생각해 낸답니다. 아이의 의견을 충분히 반영하여 스피치 슈트에 필요한 기 능들을 선택해 봅니다.

Work Book

● 스피치 슈트 기능 공부하기 사례

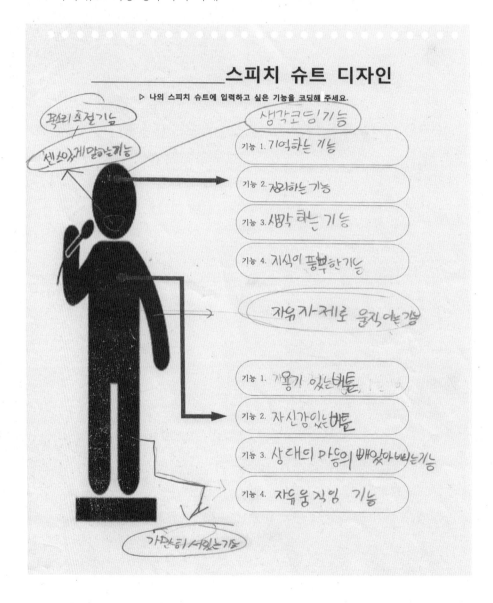

Step 2 ── 스피치 슈트 디자인하기

전지에 커다란 사람 모양을 그려 줍니
다. 누워 있는 아이의 몸을 따라 그려
줘 실물 크기를 만들어 주는 것도 좋
습니다. 그런 다음 스피치 슈트를 알
록달록하게 꾸밉니다. 아이들이 만든
스피치 슈트는 버튼이 있는 옷이 되기
도 합니다. 마음껏 상상해서 스피치 슈트를 디자인해 보는 시간을 가져 봅니다.

Step 3 ── 스피치 슈트 기능 코딩하기

스피치 슈트 디자인이 완성되었다면 스피치 슈트의 기능들을 코딩해 줍니다.

맘스 코칭 TiP

스피치 슈트를 만들 때
엄마가 꼭 기억해야 할 세 가지

❶ 아이의 의견을 존중해 주세요.

큰 전지를 펼치고 스피치 슈트를 만들기 시작하면 저학년 아이들은 마치 정말 영웅이라도 된 양 신이 나서 번개를 쏘는 기능, 날 수 있는 기능, 노래를 잘하게 되는 기능, 아인슈타인 뇌 기능 등 엄마의 예상과 달리 스피치와는 전혀 상관없는 기술들을 이야기할수 있습니다. 아이의 상상력이 발휘된 기능들도 존중해 주면서 스피치에 관련된 기능을 생각해 볼 수 있도록 유도해 주세요.

"그런 기능은 필요 없잖아", "아니 그거 말고 다른 거 생각나는 거 없어?"라고 핀잔을 주기보다는 "번개를 쏘는 기능! 재미있는 기능이네! 좋아, 그럼 번개를 쏠 때처럼 힘 있게 말하는 기능은 어떤 게 있을까?"라고 유도 질문을 해 주는 것이 좋습니다.

어떤 기능들이 필요한지 알고 있는 엄마가 아이에게 "생각 기술에는 생각 정리 기술, 어휘력, 논리력 이런 것들이 필요해. 이렇게 써 봐."라고 말하는 것이 가장 위험합니다. 아이와 함께 상의하고 아이디어를 내고 그것을 바탕으로 제작해 가는 과정이 필요한 기능을 정확하게 적는 것보다 더 중요하답니다.

❷ 계속해서 스피치 슈트에 기능들을 추가해 주세요.

스피치 슈트는 만들어 보는 것으로 끝나는 것이 아니라 앞으로의 활동에도 계속 기능을 추가해 주는 것이 좋습니다. 방 한쪽에 붙여 두고 앞으로 엄마와 함께할 방송 놀이 도중에 연습이 필요하다고 여기는 부분이 생기면 스피치 슈트에 코딩하면 되니까요.

아이들이 스피치 슈트에 다시 한 번 기능을 적어 보는 것으로도 문제를 인지하고 다시 마음을 다잡을 수 있으며, 또 그 기능을 사용해 연습을 시작하면 아주 좋은 동기부여가 된답니다.

어느 정도 훈련이 되면 아이의 스피치 슈트에는 기능들이 빼곡히 코딩되어 있을 것입니다. 그만큼 아이의 스피치 실력은 성장하고 있는 것입니다.

❸ 스피치 슈트의 존재를 자주 환기시켜 주세요.

다음 날 학교나 학원에서 있을 발표 때문에 아이가 긴장하고 있다면 스피치 슈트의 존재에 대해 환기시켜 주세요! 긴장을 많이 하는 친구들은 발표 전에 엄마가 다음 날 있을 상황에 대해 미리 말해 주는 것이 도움이 됩니다.

"내일은 새 학기 첫날이네! 선생님이 자기소개를 시키실 것 같은데, 긴장돼?"

"응. 자기소개 진짜 싫어."

"엄마도 새 학기가 되면 긴장했던 것 같아. 엄마랑 만들었던 스피치 슈트 기억하지? 그 기능들을 적절하게 사용해서 발표하면 분명히 많은 친구들이 좋아해 줄 거야! 우리에겐 스피치 슈트가 있잖아! 그럼 엄마랑 미리 연습해 볼까?"

발표 전에 아이가 많이 긴장하고 있다면 스피치 슈트의 존재를 환기시켜 주는 것이 심리적 긴장 완화에 도움이 됩니다. 아이가 입고 갈 옷이나 물건에 스피치 슈트를 대입해 주는 것도 좋은 방법입니다.

Work Book

아래의 Step1, Step2를 함께 작성해 본 후 전지에 스피치 슈트를 직접 만들어 보세요.

Step 1 말을 잘하기 위해서는 어떤 능력이 필요할까요?

스피치 슈트의 각 부분에 들어갈 기능들을 써 보세요.

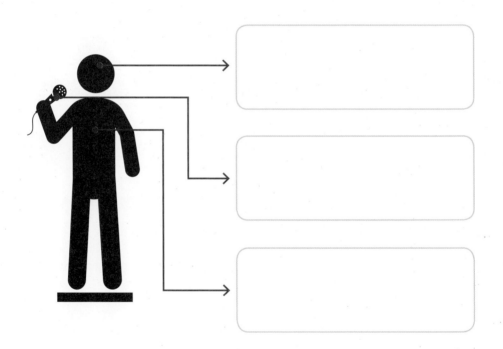

Step 2 나의 스피치 슈트는 어떤 모양인가요?

디자이너가 되어 나만의 스피치 슈트를 디자인해 보세요.

Step 3 전지에 스피치 슈트를 직접 만들고 기능들을 코딩해 보세요!

호흡 편

'스피치는 호흡이다.'라고 해도 과언이 아닐 정도로 스피치 훈련에서는 호흡이 가장 중요합니다. 발음, 발성, 전달력, 긴장 모두 호흡과 연관이 있습니다.

💬 긴장하는 아이, 3-5-7 호흡법

복식호흡복부를 이용해 뱃가죽을 한 번 폈다 다시 오므렸다 해서 가로막의 신축에 의하여 하는 호흡은 혈액순환을 원활하게 해 주어 몸의 긴장을 풀어 주고 심신을 안정시키는 효과가 있습니다.

3-5-7 복식호흡법은 발표 전에 아이들의 긴장감 완화에 탁월한 효과가 있습니다. 긴장하는 아이에게는 발표 전에 엄마가 아이와 함께 3-5-7 복식호흡법을 세번 정도 반복해 주세요. 긴장을 이완한 상태에서 발표하면 훨씬 더 안정적으로 발표할 수 있습니다.

3-5-7 복식호흡 방법

1. 3초간 숨을 천천히 코로 들이마십니다.

    이때, 어깨가 올라가지 않고 배가 부풀어 오르는 것을 느낍니다.

2. 5초간 정지합니다.

3. 7초간 스~ 하는 소리를 내며 천천히 호흡을 끝까지 내뱉습니다.

💬 호흡 훈련하며 놀자! 온 가족이 함께하는 호흡 게임

■ 호흡을 늘리는 개구리 뒷다리 호흡 게임

폐활량을 늘려 호흡의 길이를 늘이는 게임입니다. 가족끼리 누가 더 길게 하는지 대결해 보세요.

개구리 뒷다리 호흡 게임 방법

1. 숨을 3초간 들이마십니다.

2. 5초간 멈춥니다.

3. 개구리 뒷다리~~~~~에서 마지막 '리'를 숨이 다할 때까지 소리를 냅니다.

4. '리'가 시작하는 부분부터 초를 재서 가장 오래 소리를 낸 사람이 승!

■ 휴지 불기 복식호흡 게임

아랫배에 힘을 길러 단단한 소리를 만들 수 있는 기초훈련 게임입니다. 누가 휴지를 더 높이 오랫동안 보내는지 대결해 보세요.

휴지 불기 복식호흡 게임 방법

1. 얇은 휴지를 준비합니다.

2. 숨을 들이마시고 얼굴에 올려놓습니다.

3. 복식호흡을 사용해 하늘을 향해 힘차게 '후' 하며 휴지를 불어 올립니다.

4. 휴지가 바닥에 떨어지지 않도록 계속해서 복식호흡을 사용해 휴지를 불어 올립니다.

5. 휴지가 하늘로 떴을 때부터 바닥에 떨어진 시점까지 초를 잽니다.

6. 가장 오랫동안 휴지를 떨어뜨리지 않은 사람이 승!

■ 풍선 불기 게임

역동적으로 움직이며 호흡 훈련을 할 수 있는 게임입니다.

풍선 불기 게임 방법
1. 풍선을 준비합니다. 2. 배에 공기를 가득 넣은 뒤, 있는 힘껏 풍선에 공기를 불어 넣습니다. 3. 풍선이 빵빵해지면 묶어 줍니다. 4. 한 사람이 풍선을 잡습니다. 5. '아! 아!' 큰 소리를 내며 풍선을 쳐서 날려 봅니다.

발음 편

💬 **발음 기초훈련**

　웅얼거리거나 특정 발음이 좋지 않은 아이들의 경우에는 정확한 입 모양으로 소리를 내지 않기 때문인 경우가 많습니다. 다음의 발음 연습 표를 통해 입을 크게 벌리고 발음하는 연습을 해 보세요.

누가누가 입을 크게 벌리나? 입을 벌려라! ······ **발음 연습하기**

- 매일매일 엄마와 함께 '발음 연습 표'를 10분씩 또박또박 읽는 연습을 합니다.
- 엄마가 먼저 입 모양을 크고 정확하게 보여 준 뒤에 따라 할 수 있도록 하는 것이 좋습니다.

● 발음 연습 표

가	구	거	고	그	기	게	개	갸	교	겨	규
나	누	너	노	느	니	네	내	냐	뇨	녀	뉴
다	두	더	도	드	디	데	대	댜	됴	뎌	듀
라	루	러	로	르	리	레	래	랴	료	려	류
마	무	머	모	므	미	메	매	먀	묘	며	뮤
바	부	버	보	브	비	베	배	뱌	뵤	벼	뷰
사	수	서	소	스	시	세	새	샤	쇼	셔	슈
아	우	어	오	으	이	에	애	야	요	여	유
자	주	저	조	즈	지	제	재	쟈	죠	져	쥬
차	추	처	초	츠	치	체	채	챠	쵸	쳐	츄
카	쿠	커	코	크	키	케	캐	캬	쿄	켜	큐
타	투	터	토	트	티	테	태	탸	툐	텨	튜
파	푸	퍼	포	프	피	페	패	퍄	표	펴	퓨
하	후	허	호	흐	히	헤	해	햐	효	혀	휴

💬 **발음 훈련하며 놀자! 온 가족이 함께하는 발음 게임**

나는야 발음 왕! ····· 발음 왕을 뽑아라

- 천천히 정확한 발음으로 읽습니다.
- 바른 자세로 반복해서 읽어 봅니다.
- 발음이 어려운 부분은 빨간색으로 체크하고 여러 번 읽어 봅니다.
- 특히 어려운 발음은 연필을 물고 연습해 봅니다.

---

1. 깊은 산속 부엉이는 부엉부엉하고
   깊은 계곡 꾀꼬리는 꾀꼴꾀꼴한다.

2. 앞집 안방 장판지는 노란꽃 장판지이고
   뒷집 안방 장판지는 빨간꽃 장판지이다.

3. 그제 솥 장수 헛 솥 장수, 어제 솥 장수 헌 솥 장수, 오늘 솥 장수 새 솥 장수

4. 챠프포프킨과 치스챠코프는 모차르트 선생과 함께
   라흐마니노프의 피아노 콘체르토의 선율이 흐르는 영화 파워트웨이트를 보면서
   켄터키 후라이드 치킨, 포테이토 칩, 파파야 등을 먹었다.

5. 앞집 팥죽은 붉은팥 풋팥죽이고 뒷집 콩죽은 해콩 단 콩 콩죽, 우리 집 깨죽은 검은깨
   깨죽인데 사람들은 해콩 단 콩 콩죽 깨죽 죽 먹기를 싫어하더라.

발음 왕 게임 방법

1. 주어진 5가지의 발음 연습 문장을 처음부터 읽습니다.
2. 발음이 틀리면 처음 문장부터 다시!
3. 한 번도 실수하지 않고 1번 문장부터 5번 문장까지 읽으면 성공!
4. 1~5번 문장까지 읽는 총 시간을 잽니다.
5. 가장 짧은 시간 안에 문장을 완벽하게 읽은 사람이 승리!

💬 **우리 집 아나운서는 나야 나! 아나운서 놀이**

앞서 기초발음 연습을 마쳤다면 아나운서가 되어 뉴스 원고를 읽어 봅니다.

아나운서 놀이는 다음과 같은 효과가 있어요.

1. 발음이 정확해진다.

2. 전달력이 좋아진다.

3. 어휘력이 좋아진다.

4. 논리적인 사고법을 익힌다.

5. 문장 구성력이 좋아진다.

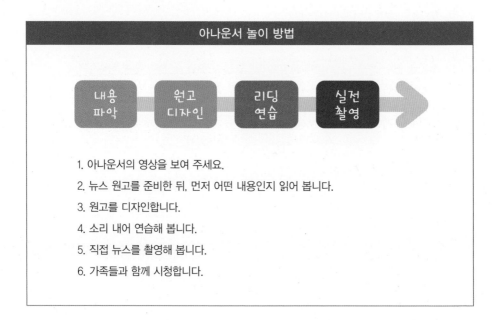

아나운서 놀이 방법

내용 파악 → 원고 디자인 → 리딩 연습 → 실전 촬영

1. 아나운서의 영상을 보여 주세요.

2. 뉴스 원고를 준비한 뒤, 먼저 어떤 내용인지 읽어 봅니다.

3. 원고를 디자인합니다.

4. 소리 내어 연습해 봅니다.

5. 직접 뉴스를 촬영해 봅니다.

6. 가족들과 함께 시청합니다.

아나운서 놀이 단계별 스피치 코칭팁

1단계 아나운서의 영상을 먼저 보여 주세요

아나운서의 영상을 보여 주며 아나운서의 눈빛, 목소리, 발음 등에 대해 이야기를 나눠 보세요. 가장 좋은 교육법은 모델링하는 것입니다. 아나운서처럼 읽기에 대해 이야기를 나눠 보고, 어떻게 하면 아나운서처럼 읽을 수 있을지 함께 고민해 보세요.

2단계 원고를 디자인하는 방법을 알려 주세요

발표를 잘하는 것만큼 잘 '읽는' 능력도 중요합니다. 교과서를 읽거나 연설문을 읽을 때는 자연스럽게 읽어야 합니다. 하지만, 학교에만 가면 아이들은 왜 다 똑같은 음, 특유의 리듬으로 책을 읽을까요? 바로 원고 읽는 법을 잘 모르기 때문입니다.

정확한 전달력을 필요로 하는 아나운서나 방송인은 방송 원고를 받으면 호흡점과 강조점을 표시합니다. 강조해야 하는 부분은 읽는 속도와 음의 높낮이, 크기 등이 달라집니다.

정확한 전달력을 가지기 위해서는 원고 디자인법을 알아야 합니다. 아이와 방송 놀이를 할 때 방송 원고를 읽기 전에 반드시 원고를 디자인할 수 있도록 해 주세요.

● 원고 디자인법

원고 디자인이란 원고를 소리 내어 읽기 전에 전달력을 높이기 위해 호흡하는 점, 강조하는점 등을 표시해 스피치를 디자인하는 것을 말합니다. 원고 디자인을 하고 나서 원고를 읽으면 전달력을 높일 수 있습니다.

원고 디자인에는 크게 4가지 기호를 사용합니다.

원고 디자인 기호　　　○　∨　/　//

기호	기호명	읽는 법	활용법
○	강조	강하게	강조할 단어에 동그라미
V	반 호흡	0.5초 쉼	숨 쉴 곳에 사용 (호흡점)
/	한 호흡	1초 쉼	1. 의미별로 끊을 때 2. 뒤 단어를 강조하기 위해
//	두 호흡	2초 쉼	문장이 끝났을 때

* 원고 디자인에는 답이 정해져 있지 않습니다. 사람마다 호흡이 다르고 말하는 방식이 다르니까요. 다만, 의미 전달은 정확하게 되어야 합니다. '아버지가 방에 들어가셨다.'는 내용을 '아버지 / 가방에 / 들어가셨다.' 와 같이 잘못 끊어 읽어 의미가 전혀 다르게 전달되면 안 되겠죠?

● **뉴스 원고에 원고 디자인 기호들을 적용해 디자인해 보겠습니다.**

뉴스 원고 디자인 예시

부모가 v 자녀의 의견에 v 귀를 기울이고 / (자율적인)양육 태도를 보일수록 / 자녀의 v 스마트폰 중독 가능성이 / (작다)는 v 연구 결과가 나왔습니다.// 가톨릭대 v 문두식, / 최은실 교수가 / 중학생 700명을 상대로 v 설문조사를 한 결과, / 부모의 v 양육태도가 / (자율적)이고 v (덜 억압)적일수록 / 자녀의 (자아 존중감)이 높았고, / 스마트폰 중독 성향도 v (감소)하는 것으로 v 나타났습니다. // 연구진은 v "부모가 v 성적이나 진학 등 / (성취)에 과도하게 집착하면 / 자녀가 v 이를 의식해 v (반사적인)행동으로 v 스마트폰에 v 몰입한다고 볼 수 있다." / 고 v 분석했습니다. //

– MBC 뉴스

Q 아이가 모르는 단어가 나왔어요. 어떻게 해야 하나요?

뉴스 원고를 함께 읽다 보면 뜻을 정확하게 모르는 단어들이 있습니다. 그 단어는 따로 표시해 두었다가 함께 사전을 찾아보며 단어의 뜻을 정확하게 알아 두세요. 뉴스 기사는 논리적으로 작성되어 있습니다. 반복적으로 뉴스 기사를 읽다 보면 반복되는 기사의 패턴을 익힐 수 있어 논리적인 말의 흐름을 습득할 수 있습니다.

〈뉴스 원고 디자인 예시〉 중에서 붉은색으로 표시해 두었던 모르는 단어의 뜻을 찾아봅니다. 아나운서 놀이를 하며 원고를 많이 읽다 보면 어느새 아이의 어휘력이 좋아진답니다.

단어 사전	
억압	자기 뜻대로 자유롭게 행동하지 못하도록 억지로 억누름
자아 존중감	자기 자신에 대한 의식, 자기를 사랑하는 마음
성향	성질에 따른 경향
진학	상급학교에 가는 것
성취	목적한 바를 이룸
반사적	어떤 자극에 순간적으로 무의식적 반응을 보이는 것

3단계 아나운서 놀이로 웅얼거리는 발음 고치기

정확하게 발음하기 위해서는 입을 크게 벌리고 또박또박 읽는 것이 좋습니다. 뉴스 원고를 디자인한 대로 또박또박 읽는 연습을 해 봅니다. 또박또박 읽는다고 해서 로봇처럼 부자연스럽게 읽으라는 것이 아닙니다. 중요한 단어들을 강조하며 읽으라는 뜻입니다. 아이들은 문장 끝으로 갈수록 대충 읽는 경향이 있습니다. 이때 엄마가 아나운서 화법을 예로 들어 주며 문장을 끝까지 정확하게 읽을 수 있도록 해 주시면 됩니다.

뉴스 원고를 통해 발음을 교정한 사례입니다. 처음에는 말이 빠르고 입을 벌리지 않아 발음이 부정확했습니다. 하지만 뉴스 기사를 읽어 보며 발음 연습을 반복적으로 한 결과 발음이 많이 개선되었습니다. ● 아나운서 놀이 발음교정 사례 ●

Work Book

윤스피치 윤쌤 추천 실습 원고 1

그동안 이론 위주였던 초등학교의 수영 교육이 실기 중심으로 바뀝니다.

교육부는 이와 같은 내용의 학교 체육예술교육 강화 대책을 마련했다고 밝혔습니다.

이에 따라 수영장 등 시설 여건이 갖춰진 지역은 2018년까지

초등학교 3, 4, 5, 6학년을 대상으로 수영 실기교육을 실시하고

학교 내 스포츠클럽은 7종목으로 늘어납니다.

– MBC 뉴스

● 실제 발표 영상

윤스피치 윤쌤 추천 실습 원고 2

안녕하십니까? [동물 뉴스] 아나운서 _____ 입니다.

오늘 아침 동물원에서 거대한 코끼리 한 마리가 탈출했습니다.

탈출한 코끼리는 옆 마을로 뛰어간 것으로 알려졌습니다.

이로 인해 출근하던 많은 동물들이 교통 혼잡으로 불편을 겪었다고 합니다.

다음 소식입니다.

북극 마을에서 떠도는 검은 고양이가 배가 고파 북극곰 씨가 운영하는

생선 가게에서 생선을 훔쳐 갔다고 합니다.

생선 가게 주인인 북극곰 씨가 이를 바로 발견하고 검은 고양이를

잡기 위해 나서면서 북극 마을에서는 때 아닌 추격전이 벌어졌습니다.

이상으로 [동물 뉴스] 아나운서 _____ 이었습니다.

시청해 주신 여러분 감사합니다.

일상에서 자주 들을 수 있는 안내방송 놀이를 통해서도 재미있게 정확한 전달력을 훈련할 수 있습니다. 영화관, 공연장, 지하철, 놀이동산 등 많은 사람들이 모이는 공공장소에서 안내방송을 들어 보았을 것입니다. 많은 사람들에게 동시에 정보를 알려 주기 위해 하는 안내방송 멘트는 더욱 또박또박 천천히 읽어 전달력을 높여 주어야 합니다. 아이들이 안내방송 멘트의 느낌을 잘 알고 있기 때문에 곧잘 흉내 낸답니다. 다음 원고를 읽고 녹음해 본 후 함께 들어 보세요.

윤스피치 윤쌤 추천 안내방송 실습 원고 1

(1) 출발 방송 예시

　이 열차는 방화, 방화행 열차입니다. 김포공항, 여의도 방면으로 가실
　손님은 이 열차를 이용하시기 바랍니다. 감사합니다.

(2) 일반역 방송 예시

　이번 역은 2호선 열차로 갈아타실 수 있는 건대입구, 건대입구역입니다. 내리실 문은
　오른쪽입니다. 내리실 분은 원활한 승하차를 위해 미리 준비해 주시기 바랍니다.

(4) 종착역 방송 예시

　이 역은 이 열차의 종착역인 마천, 마천역입니다.
　내리실 문은 오른쪽입니다.
　내리실 때에는 차 안에 두고 내리는 물건이 없는지 다시 한 번 살펴보시기 바랍니다.
　오늘도 저희 도시철도 5호선을 이용해 주셔서 감사합니다.
　안녕히 가십시오.

Work Book

윤스피치 윤쌤 추천 안내방송 실습 원고 2

오늘도 우리 공연장을 찾아 주신 관객 여러분께 감사의 말씀을 드립니다.

잠시 후 공연이 시작되오니 모두 자리에 앉아 주시면 감사하겠습니다.

원활한 공연 진행을 위해 몇 가지 안내말씀을 드리겠습니다.

공연 중에는 음식물 섭취나 자리 이동을 하실 수 없으며 핸드폰 촬영 및 녹음이 금지

됩니다. 공연이 끝난 후에는 배우들과의 사진촬영 시간이 준비되어 있사오니 많은

관심 부탁드립니다.

오늘도 즐거운 관람되시기를 바랍니다. 감사합니다.

 표현력 편

말을 잘하기 위해서는 풍부한 표현력이 필요합니다. 같은 이야기도 어떤 사람이 이야기하면 재미있고 어떤 사람이 이야기하면 시시하죠. 이야기하는 사람에 따라서 말의 집중도가 달라지는 것은 저마다 표현 방법이 다르기 때문입니다. 스피치에 있어서도 표현력은 몹시 중요합니다. 입체적인 스피치를 하기 위해서는 표현력을 기르는 훈련이 필요합니다.

🔳 생동감 있게 말하는 연습하기

생동감 있게 이야기하기 위해서는 다음의 세 가지가 필요합니다.

1. 말하듯 자연스럽게 : 로봇처럼 딱딱하게 읽는 것이 아니라 말하듯이 자연스럽게 전달합니다.
2. 연기력 : 전달력을 높이기 위해 상황과 감정에 맞는 연기가 필요합니다.
3. 표현력 : 상황과 감정에 맞게 표현합니다. 다양한 몸짓 언어도 함께 사용하는 것이 좋습니다.

같은 문장이라도 상황이 달라지면 다른 느낌으로 읽어 주어야 합니다. 다음 문장들을 상황과 감정에 맞게 읽는 연습을 함께해 보세요.

❶ 책 읽듯이

야, 말하기 그거 정말 재미있는데!

❷ 즐거운 표정과 말투로

야, 말하기 그거 정말 재미있는데!

표정 느낌

❸ 화난 표정과 말투로

야, 말하기 그거 정말 재미있는데!

❹ 친구를 설득하는 표정과 말투로

야, 말하기 그거 정말 재미있는데!

💬 **표현력 훈련하며 놀자! 온 가족이 함께하는 표현력 게임**

■ **몸으로 말해요!**

단어 맞히기, 속담 맞히기, 영화 제목 맞히기 등 다양하게 응용해서 〈몸으로 말해요!〉 게임을 활용해 표현력 훈련을 해 보세요.

몸으로 말해요! 게임 방법
1. 무작위로 단어 10가지 정도를 A4용지에 적습니다.
2. 문제를 내는 사람, 문제를 맞히는 사람, 단어를 보여 줄 사람 세 명을 정합니다.
3. 문제를 맞히는 사람이 단어를 볼 수 없도록 단어 판을 들어줍니다.
4. 문제를 내는 사람이 소리를 내지 않고 몸짓으로만 단어를 표현합니다.
5. 몸짓만 보고 단어를 맞혀 봅니다.

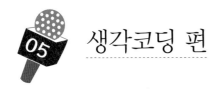

생각코딩 편

발표 전, 생각코딩을 위해 만드는 생각풍선은 시각적 감각을 활용하는 이미지 연상기법을 사용합니다. 원고가 생각풍선 모양으로 만들어져 있어 이미지화되어 머릿속에 잘 기억됩니다. 따라서 생각풍선은 원고를 더 정확하고 오래 기억할 수 있도록 도움을 줍니다.

생각코딩 게임 방법

1. 단어 판을 15초간 보여 줍니다.
2. 단어 판에서 본 단어들을 기억나는 만큼 단어를 적습니다.
3. 다시 단어 판을 15초간 보여 줍니다.
4. 단어 판에서 본 단어를 다 적을 때까지 이 과정을 반복합니다.
5. 단어 판의 위치와 단어가 모두 맞으면 완료!

짧은 시간 안에 집중해서 위치와 단어를 기억합니다. 그런 다음 생각난 만큼 적고 나면 기억하지 못한 부분은 빈 공간으로 남게 됩니다. 이어서 다시 단어 판을 봤을 때는 외우지 못한 부분 위주로 외우게 됩니다.

아이들에게 "지금부터 5분 안에 이 단어들을 다 외울 거야!"라고 하면 "이걸 어떻게 외워요!"라며 교실이 소란스러워집니다. 하지만 실제로 아이들과 이 게임을 진행해 보면 5~10번 사이에 대부분의 아이들이 단어를 모두 다 기억합니다. 15초씩 5번 만에 외웠다면, 1분 15초 만에 다 외운 것입니다. 그런데 15초씩 끊어서 보여 주지 않고, 1분 15초간 보여 준 후에 작성하도록 하면 단어를 많이 기억하지 못합니다.

생각코딩 스피치의 원리도 이와 같습니다. 짧은 시간 안에 간단하게 원고를 작성하고 반복적으로 연습하면서 기억의 빈 공간을 채워 넣으면 완벽하게 발표 준비를 할 수 있습니다.

Work Book

● 15초간 여러 번 보여 주세요.

간호사	나무	비행기	제과점
화물선	호랑이	토끼	미국
다람쥐	스위스	링컨	선풍기
미술	단풍	스피치	컴퓨터
병원	김연아	빨강	자동차

● 단어를 적어 보세요.

모든 아이는 예술가로 태어난다.
문제는 자라면서 그 예술성을
얼마나 지켜 주는가이다.

– 피카소

제 5장

창의력 코딩

시집 출판 프로젝트

우리 가족
시집 출판 프로젝트

시를 써 보면 새로운 관점에서 사물을 바라보는 능력을 기를 수 있습니다. 아이들은 시를 쓰기 위해 골똘히 생각하고 자신이 가진 경험, 오감, 지식을 총동원하기 시작합니다. 그리고 사물과 사물, 감정과 감정의 연결고리를 찾아 함축적으로 표현하고, 어른들이 미처 보지 못한 순수한 시각으로 새로운 표현들을 만들어 내기도 합니다. 때로는 전혀 예상하지 못했던 아이들의 표현방식에 놀라기도 합니다. 같은 말도 누가 어떻게 표현하느냐에 따라 의미와 느낌이 달라집니다. 다양한 관점에서 새로운 시각으로 사물과 감정을 바라보는 훈련은 스피치에서도 아주 중요합니다.

제가 진행하는 키즈 스피치 수업은 다양한 콘텐츠를 결합한 일종의 '통합교육' 형식입니다. 키즈 스피치는 개개인의 예술성과 정체성을 존중하고 그를 바탕으로 교육해야 합니다. 지금의 순수하고 반짝이는 생각과 표현력을 잊지 않도록 끊임없이 자극해 주어야 합니다.

아이들의 생각을 자극하고 창작 욕구를 불러일으키며 잠든 창의력을 깨우는 시간, 바로 '시집 출판 프로젝트'입니다. 이것은 다음과 같은 방법으로 실행합니다.

각자 생각나는 단어들을 적어서 통 안에 넣고, 제비뽑기로 한 사람당 2개의 단어를 뽑습니다. 그런 다음 이 두 가지 단어를 가지고 시를 쓰는 것입니다. 운이 좋아서 하늘과 바람처럼 연관 있는 단어가 나올 수도 있지만 전혀 연관성이 없어 보이는 단어를 뽑기도 합니다. 현장에서 이 수업을 진행해 보면 아이들의 반응이 무척이나 좋습니다. 단어를 뽑는 것이 게임 같은지 무척 흥미로워합니다. 이렇게 단어를 뽑고 난 뒤에는 아이들이 그 단어로 시를 쓰도록 감성을 자극하는 음악을 틀어 줍니다. 저 또한 어떠한 간섭도 하지 않고 저 나름대로 시를 씁니다.

한 친구가 '별'과 '토끼' 두 단어를 뽑았습니다.

"별이랑 토끼! 못 쓰겠어요!" 하더니 철퍼덕 드러누웠습니다.

그 아이는 몇 분 후 시를 써 왔습니다. 곰곰히 생각한 결과물이지요.

흐르는 시간

류다영

아주 어린 토끼가 있었다네
어린 토끼는 어른 토끼가 되었다네
어른 토끼는 늙은 토끼가 되었고
늙은 토끼는 별이 되었다네

작가의 말 » 안녕하세요. 〈흐르는 시간〉을 쓴 시인 류다영입니다.
저는 흐르는 시간을 통해 생명은 언제나 죽는다는 것을 표현했습니다.
재미있게 읽어 주시기 바랍니다.

이 시를 읽고 저는 코끝이 시큰해지고 가슴이 먹먹해졌습니다. 다영이는 해맑게 웃었습니다. 처음에는 "어떻게 써요!" 하던 아이가 감동한 제 모습을 보고는 묻습니다.

"선생님, 제가 단어를 또 뽑아도 될까요? 시를 더 쓰고 싶어요!"

재미가 붙은 다영이는 이후로도 세 편의 시를 더 써 냈습니다.

이렇게 아이들이 쓴 시들을 모아 일일이 편집하고 엮어 시집을 만들어 주었습니다. 시집을 나눠 준 뒤, 교실에서 미니 출간회도 열었습니다. 꼬마 시인들의 낭독과 시인 인터뷰가 있었습니다. 아이들은 그 순간만큼은 진짜 '시인'이 됩니다. 꼬마 시인들은 시를 쓰고 표현하면서 자신의 감정을 드러내는 것이 즐거운 일임을 알아 갑니다.

💬 우리 가족 시집 출판 프로젝트

수업시간에 아이들과 가장 재미있게 활동했던 '무작위 단어 시집 출판 프로젝트' 진행 방법을 소개합니다. 이외에도 다양한 주제로 시를 써 볼 수 있습니다. 온 가족이 모여 함께해 보세요.

무작위 단어 시집 출판 프로젝트 진행 방법
1. 생각나는 단어들을 적어서 제비뽑기 통에 넣습니다. 2. 한 사람씩 두 개의 단어를 뽑습니다. 3. 두 개의 단어를 넣어 시를 써 봅니다. 4. 시를 낭독해 봅니다. 5. 시들을 엮어서 시집으로 만듭니다.

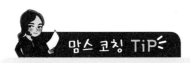

우리 집 시집 출판 프로젝트 단계별 코칭팁

1단계 무작위로 단어를 뽑아 시를 써 보세요.

● 주제를 정해 주고 시를 쓰는 것보다 무작위 단어를 뽑아서 시를 쓰면 아이들이 게임으로 느껴 흥미를 가집니다. 전혀 연관성이 없어 보이는 단어를 뽑아 시를 써 보는 것이 독창적인 생각을 하는 데 훨씬 효과적입니다. 중요한 것은 아이에게만 시키는 것이 아니라 엄마가 함께 시를 써 보는 것입니다.

2단계 낭독 전, 원고 디자인을 통해 전달력을 높여요.

● 시를 쓰고 나면 시인의 의도대로 독자에게 잘 전달될 수 있도록 느낌을 살려 낭독할 수 있어야겠죠. 시의 내용이 잘 전달될 수 있도록 강조해야 할 부분들은 원고 디자인을 통해 표시할 수 있도록 해 주세요. 강조해서 읽을 단어들을 선택하고 천천히 느낌을 살려 읽는 연습을 함께해 봅니다.

> 흐르는 v 시간 //
>
> 류 / 다 v 영 //
>
> 아주 v **어린 토끼**가 v 있었다네 //
> 어린 토끼는 / **어른 토끼**가 v 되었다네 //
> 어른 토끼는 / **늙은 토끼**가 되었고 //
> 늙은 토끼는 / **별**이 되었다네 //

3단계 우리 가족 낭독회를 열어 주세요.

● 시를 써 보는 것으로 끝내지 않고 시집으로 엮은 후 낭독회를 열어 보세요. 온 가족 앞에서 나의 시를 마음껏 뽐내 보는 시간입니다. 낭독회를 위해 시를 쓴 후 '작가의 말'도 함께 작성해 보세요. 어떤 마음으로 이 시를 썼는지, 어떤 생각을 하면서 썼는지, 독자들에게 전하고 싶은 말은 무엇인지 적어 보는 것입니다. 작가의 말을 통해 나의 멋진 작품을 다른 사람에게 잘 설명할 수 있는 방법을 배우게 된답니다.

별지

꼬마 시인들의
아주 특별한 시집

윤스피치와 함께한 모든 친구들이

빛나는 예술성과 순수함을 잃지 않기를,

지금의 상상력과 감성을 잃지 않고

누구보다 빛나는 어른으로 성장하기를 바라는 마음에서

이 시집을 펴내게 되었습니다.

훗날, 오래된 서랍장에서 꺼내

오늘의 나를 다시 만날 수 있기를 바라며

– 윤스피치 대표 윤소윤

밤하늘

5학년 김나연

밤하늘을 보면 우리를 기다리는 건

암흑뿐이다

그렇지만 우리는 달을 볼 수 있고

내가 희망을 가지고 자세히 보면

별도 볼 수 있다

우리가 암흑에서 달과 별을 볼 수 있듯이

외로워서 내 눈앞에 암흑만이 가득할 때

우리는 희망을 볼 수 있다

우리가 보는 밤하늘의

달과 별은

희망이다

● 제시 단어 : 사막, 우리

더 먼 세상

4학년 최예나

사막은 덥고 건조해

근데 그거 알아?

사막은 덥고 건조하지만

그래서 풀 같은 건 살지 않을 것 같지만

선인장이 살고 있어

우리가 키우는 식물은

사람의 보호를 받으며 우리 안에 갇혀 살지

하지만 선인장은 자유롭게 살고 있어

아무한테도 보호받지 않고 자연의 비와 양분만 사용하고 있지

우리가 키우는 식물도 우리 안에 갇혀

때로는 나가고 싶기도 하고

어쩔 땐 우리 안에 있는 게 다행이라고 생각하기도 해

우리도 집과 부모님과 형제라는 우리 안에서

보호를 받으며 편안하게 살고 있어

하지만 우리도 집과 부모님과 형제라는 틀과 우리에서

벗어나고 싶기도 해

어쩌면 그래야 하는지도 몰라

우리는 어쩌면 더 먼 세상에 나가

아무에게도 보호받지 않고

우리 혼자 힘으로만

혼자의 능력으로만

살아가야 하는지도 몰라

노랑풍선의 행복

4학년 김시언

노랑풍선이 오랜만에 자유를 찾았다
한 아이가 갖고 있던 노랑풍선을 놓쳐서
하늘 위로 올라갔기 때문이다

노랑풍선은 기쁨을 숨기지 못하였다

우리도 지금은 힘들지만
언젠가는 기쁨을 만끽할 것이다

● 제시 단어 : **식물, 동물, 사람**

식물, 동물, 사람

5학년 김해진

식물, 동물, 사람

우리는 같은 세상에서 산다

우리는 같은 음식을 먹고
함께 살고
함께 자며
행복한 생활을 한다

식물, 동물, 사람

우리는 같은 세상에서 산다

● 제시 단어 : **엄마, 코스모스**

엄마란 존재

3학년 손정연

엄마란 존재는 무엇일까
우리 엄마에게 물어보았지
엄마가 말했다

엄마란 건
그 누구보다 널 지켜 주고 싶은
호랑이지
엄마란 건
널 기린처럼 크게 만들어 주고 싶은 존재지
엄마란 건
코스모스처럼 너희에게
살랑살랑 바람을 불어 주는 존재지

● 제시 단어 : **다짐, 무지개**

무지개색 다짐들

4학년 류다영

무지개색 다짐은 어떤 것이 있을까?

빨간 다짐은 다치지 않겠다

주황색 다짐은 편식하지 않기

노란 다짐은 늘 행복하겠다

사람은 많은 다짐을 안고 살아간다

● 제시 단어 : **마음, 다이아**

나의 마음속

3학년 김채윤

하얀 내 마음속
누군가 사랑한다며
미소 지어 주네

내 마음속에
다이아가 기분 좋게 쏟아지네

● 제시 단어 : 시간, 행복

시간과 행복

4학년 김다현

별이 비치는 날 오늘 나는 행복하였다
왜 그럴까 생각해 보면
나는 우리 모두 좋아서 행복하였다

우리 모두 별이 비치는 날
행복한 시간이다

만약 매일 다 함께 있으면,
모든 순간이 행복할 것이다

별이 없더라도 달이 없더라도
해가 없더라도 모든 것이 없더라도
우리는 모든 순간이 행복할 것이다

라디오의 핵심 키워드 '소통'과 '공감'
공감과 소통 능력을 기르는
라디오 놀이를 소개합니다

제6장

소통 능력 코딩

라디오 놀이

퉁명스럽게 말하는 아이 화법 코칭,
라디오 오프닝 녹음하기

"우리 애가 마음은 안 그런데, 말을 좀 툭툭 내뱉는 경향이 있어요. 그래서 본인 의도와는 다르게 친구에게 상처를 주기도 하고……. 예쁘게 말할 수 있도록 화법을 교정해 주고 싶어요."

평소 성격이 활발하고 털털한 3학년 주은이 어머니의 고민입니다. 한국의 스피치 강사는 아나운서나 방송인 출신이 많습니다. 아나운서의 화법은 공손하고 예의 바르며 상대를 배려하는 '예쁜 말투'를 사용합니다. 방송인 출신의 선생님과 이야기하며 아나운서 선생님처럼 말했으면 한다는 것이 어머님의 생각이었습니다. 일리 있는 이야기입니다.

말투는 변할 수 있습니다. 저 역시 주은이처럼 성격이 호탕하고 털털하다 보니 목소리도 허스키하고 말투도 여성스럽기보다는 툭툭 내뱉기 일쑤였습니다. 그런데 예술대학에 진학해 보이스 트레이닝을 받고, 방송국에서 라디오 DJ로 활동하다 보니 평소 말투와 목소리에도 많은 변화가 생겼습니다. 지금은 공적인 자리에서는 일명 '방송인 말투'를 사용해 적절하게 신뢰감 있는 스피치 컨설턴트로서의 이미지메이킹을 할 수 있게 되었습니다.

오프닝 코너

말을 거칠게 하는 남자아이, 퉁명스럽게 말하는 여자아이는 라디오 DJ 놀이를 통해 부드러운 화법을 연습할 수 있습니다.

라디오 DJ 대본

교문 앞에서 우리를 늘 반겨 주는 보안관 아저씨에게 오늘은 해맑게 인사를 해 보았습니다.

"아저씨 안녕하세요! 좋은 하루 보내세요!"

그러자 아저씨께서 껄껄 웃으시며 "너도 좋은 하루 보내거라." 하고 대답해 주셨습니다.

그런데, 참 이상한 일입니다.

밝게 인사를 하고 나니 제 기분이 더 좋아지는 게 아니겠어요?

웃으며 하루를 시작하니 오늘 하루는 왠지 더 신나는 하루가 될 것만 같습니다.

여러분도 스쳐 지나가는 많은 사람들과 밝게 인사를 나눠 보세요.

인사를 받는 사람들의 얼굴에 미소의 꽃이 피고, 여러분의 마음에도 예쁜 꽃이 필 거예요.

오늘 하루도 힘차게 시작해 볼게요.

우리 집 희망곡 DJ ○○○입니다. 반갑습니다.

라디오 오프닝 원고를 디자인하고, 여러 번 연습한 후 녹음해 봅니다. 적절한 배경음악을 삽입하면 더욱 좋습니다.

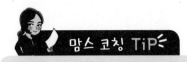

퉁명스럽게 말하는 아이
라디오 DJ 놀이 스피치 코칭법

❶ 자연스럽고 부드러운 말투로 읽을 수 있도록 지도해 주세요.

라디오 DJ 놀이를 하기 전에 실제 라디오 방송을 들려주는 것이 도움이 됩니다. 라디오를 함께 들어 보며 라디오 DJ의 목소리, 말투 등을 분석해 보세요. 그리고 오프닝 원고를 라디오 DJ처럼 말하듯 자연스럽고 부드럽게 읽을 수 있도록 함께 연습해 보세요.

● 라디오 DJ 오프닝 예시 영상 ● ┈┈┈┈┈┈

❷ 따옴표 속의 대화는 실제 상황처럼 연기하며 읽어요.

원고에 있는 대화 내용은 따옴표로 표시되어 있습니다. 따옴표 속의 대화 내용은 청취자의 나이를 고려해 실제로 청취자가 말하는 것처럼 읽는 것이 좋습니다.

"아저씨 안녕하세요! 좋은 하루 보내세요!"

밝은 목소리로 경비 아저씨에게 인사하듯 읽을 수 있도록 도와주세요.

라디오 DJ 놀이

우리 집 라디오 100.7 MHz

💬 **사연 코너**

이번에는 직접 라디오 프로그램 속 한 코너를 만들어 보겠습니다.

먼저 사연 신청서에 각자 라디오에 보내서 다른 사람들과 공유하고 싶은 이야기를 한 편씩 적어 봅니다. 다음은 한 초등학교에서 진행한 수업내용입니다.

사연 예시 ✉

함께 만드는 〈○○의 희망곡〉

〈○○의 희망곡 ○○○ 입니다〉에 사연을 보내 주세요	
청취자 자기소개	안녕하세요. 저는 ○○초등학교에 다니고 있는 김지우입니다.

사연 내용	제 사연은 저희 가족 이야기입니다. 저희 엄마는 왠지 동생만 좋아하는 것 같아요. 다른 집은 보통 첫째를 좋아하지 않나요? 그런데 저희 부모님은 동생만 좋아하는 것 같아요. 어느 겨울날, 제가 동생이랑 같이 잠을 자려고 했는데 그날따라 잠이 안 오는 거예요. 어떻게든 잠을 자려고 자는 척을 하고 있는데 갑자기 엄마가 제 방으로 들어오시더니 동생한테만 이불을 덮어 주는 거예요. 저는 그때 정말 속상했어요. 그리고 또 어느 날은 저희 집이 이사를 하고 자장면을 먹었는데, 제가 화장실 다녀온 사이에 엄마 아빠 동생만 다 먹고 각자 할 일을 하고 있는 거예요. 저는 다 먹지도 않았는데 음식을 다 버려 버렸답니다. 저는 그날 이후로 지금까지 가족에게 삐져 있는 상태예요.
신청곡	방탄소년단 – 〈잡아줘〉
이 곡을 신청한 이유	방탄소년단이라는 아이돌을 좋아하고, 또 가족들이 저를 잡아 주고 안아 줘서 사랑을 느끼게 해 주면 좋겠어요.

이렇게 각자 다 다른 내용의 사연이 한 편씩 완성됩니다.

다 적으면 사연을 모두 걷습니다.

그리고 제출한 사연을 섞고 각자 한 편씩 제비뽑기하듯 사연을 뽑습니다.

뽑은 사연으로 자신의 라디오 사연 소개 코너 대본을 작성합니다.

사연 소개 코너 대본 구성은 크게 세 가지로 나눠집니다.

1. 코너 오프닝

2. 사연 소개

3. 신청곡 소개

	사연을 바탕으로 작성한 라디오 DJ 대본
코너 오프닝	안녕하세요. DJ 제소원입니다. 여러분 즐거운 오후 보내고 계신가요? 날씨가 점점 추워지고 있는데요, 오늘은 어떤 사연이 저희 라디오를 녹여 줄지 궁금하네요. 오늘의 사연은 ○○초등학교에 다니고 있는 김지우 학생의 사연입니다.
사연내용	제 사연은 저희 엄마와 관련이 있는데요, 저희 엄마는 왠지 동생만 좋아하는 것 같아요. 다른 집은 보통 첫째를 좋아하지 않나요? 그런데 저희 부모님은 동생만 좋아하는 것 같아요. 어느 겨울날, 제가 동생이랑 같이 잠을 자려고 했는데 그날따라 잠이 안 오는 거예요. 어떻게든 잠을 자려고 자는 척을 하고 있는데 갑자기 엄마가 제 방으로 들어오시더니 동생한테만 추워서 감기 걸릴까 봐 이불을 덮어 주는 거예요. 저는 그때 정말 속상했어요. 그리고 또 어느 날은 저희 집이 이사를 하고 자장면을 먹었는데, 제가 화장실 다녀온 사이에 엄마 아빠 동생만 다 먹고 각자 할 일을 하고 있는 거예요. 저는 다 먹지도 않았는데 음식을 다 버려 버렸답니다. 저는 그날 이후로 지금까지 가족에게 삐져 있는 상태예요.
공감의 말	우와, 저도 그런 상황이라면 삐쳤을 것 같아요. 어머니 너무하세요!
신청곡 소개	김지우 씨의 신청곡은 방탄소년단의 〈잡아줘〉를 신청하셨어요. 그 이유는 방탄소년단을 좋아하고 가족들이 지우 씨를 잡아 주고 안아 줘서 사랑을 느끼고 싶기 때문이라고 합니다. 방탄소년단의 〈잡아줘〉 듣고 올게요.

● 사연코너 실제 발표 영상 ●┈┈┈┈┈

라디오 DJ 원고 작성팁

① **청취자 사연 작성법 – 가족끼리 모여 사연을 작성해 보세요.**

가족 모두 모여 한 편씩 사연을 작성해 보세요. 그리고 사연을 모아 놓고 무작위로 사연을 뽑은 뒤 그 사연을 소개하는 라디오 대본을 작성해 봅니다. 라디오 제목과 DJ명도 가족과 함께 만들어 보세요.

- 상황 설명 위주인 사연은 정보가 모두 들어가도록 육하원칙에 맞춰 구체적으로 적어 주세요.
- 눈 감고 들으면 생생하게 상상할 수 있도록 묘사해 주는 것이 좋습니다.

② **DJ 대본 작성법 – 사연에 대한 공감과 소통의 말을 꼭 적어 주세요.**

사연을 소개하고 끝나는 것이 아니라 공감하는 말을 반드시 적을 수 있도록 지도해 주세요. 사연 내용에 대해 이야기해 보며 사연을 보낸 사람이 어떤 상황에 처해 있는지, 마음은 어땠을지 이야기해 보고 대본을 작성하는 것이 좋습니다. 사연을 보낸 청취자의 마음을 이해하고 헤아려 줄 수 있는 말을 작성하거나, 비슷한 본인의 사례를 소개하며 공감해 주는 것도 좋습니다.

● **청취자 사연 신청서 :** 직접 사연을 작성해 보세요.

사연 신청서	
사연 신청자 자기소개	
사연 내용	
신청곡	
이 곡을 신청한 이유	

Work Book

● 라디오 DJ 대본

사연을 바탕으로 라디오 대본을 완성해 보고 직접 녹음해 보세요.

DJ 대본	
오프닝	교문 앞에서 우리를 늘 반겨 주는 보안관 아저씨에게 오늘은 해맑게 인사를 해 보았습니다. "아저씨 안녕하세요! 좋은 하루 보내세요!" 그러자 아저씨께서 껄껄 웃으시며 "너도 좋은 하루 보내거라." 하고 대답해 주셨습니다. 그런데, 참 이상한 일입니다. 밝게 인사를 하고 나니 제 기분이 더 좋아지는 게 아니겠어요? 웃으며 하루를 시작하니 오늘 하루는 왠지 더 신나는 하루가 될 것만 같습니다. 여러분도 스쳐 지나가는 많은 사람들과 밝게 인사를 나눠 보세요. 인사를 받는 사람들의 얼굴에 미소의 꽃이 피고, 여러분의 마음에도 예쁜 꽃이 필 거예요. 오늘 하루도 힘차게 시작해 볼게요. 우리 집 희망곡 DJ OOO입니다. 반갑습니다.
사연 신청자 소개	오늘의 첫 번째 사연입니다. 오늘 사연을 보내 주신 분은 (소개글 작성) _____ _____ _____.

사연 소개	
공감의 말	
신청곡 소개	

인기짱이 되는 비법!

리포터 놀이로 또래 커뮤니케이션 마스터하기

리포터는 뉴스, 시사, 사회 문제, 이슈 등을 취재해 라디오, TV, 케이블, 인터넷 방송 등에 기사 내용을 전달하는 일을 합니다. 또 다양한 장르의 방송 프로그램에 출연하여 보도 내용을 소개하거나 현장에 나가 유명인을 직접 인터뷰하기도 합니다.

엄마와 함께 질의응답 형식의 리포터 놀이를 통해 커뮤니케이션 능력, 사회성과 공감 능력을 기르는 훈련을 합니다.

💬 **인기짱이 되는 비법! 리포터 놀이로 또래 커뮤니케이션 마스터하기**

상대방의 말에 반응하고 적절한 질문을 통해 대화를 이어 가는 기술은 또래 커뮤니케이션의 필수 요소입니다. 수평 관계에서 이루어지는 또래 커뮤니케이션의 경우 친구들과 이야기를 나누고 공감하고 소통하고 진심으로 교류하는 것이 중요합니다. 새로운 친구를 사귈 때는 먼저 다가가 질문을 건네며 친해져야 할 순간도 있고, 친한 친구들과는 이야기를 공유하고 공감하며 대화할 수도 있어야 합니다. 따라서 아이와 함께 상황에 맞는 적절한 질문들을 함께 생각해 보는 것이 좋습니다. 그렇게 하면 다양한 주제로 리포터 촬영을 해 볼 수 있습니다.

리포터 놀이 ❶ – 인터뷰 편

다음은 '당신의 꿈은 무엇입니까?'라는 주제로 인터뷰 놀이를 했던 실제 대본입니다.

리포터 1명, 답변하는 학생 1명을 정합니다. 그리고 답변할 학생과 리포터가 함께 대본을 완성해 갑니다. 리포터는 꼭 해야 하는 질문들을 대본에 적습니다. 답변하는 사람은 미리 알려 준 질문에 대한 답변을 생각풍선으로 정리합니다.

● 리포터 대본

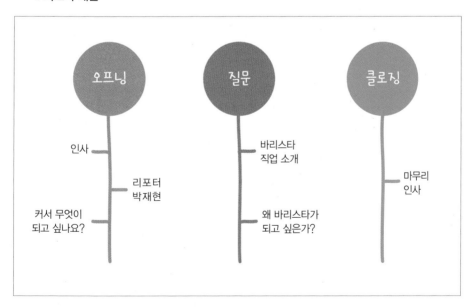

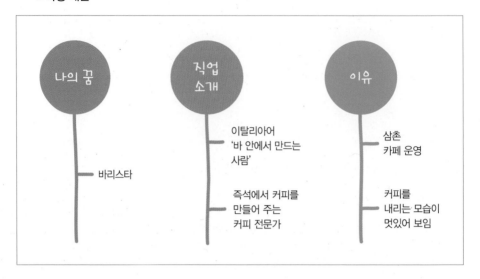

아래는 위 생각풍선을 바탕으로 한 실제 인터뷰 내용입니다.

리포터 인터뷰 놀이

재현(리포터) : 안녕하세요. 박재원 씨. 리포터 박재현입니다. 재원 씨는 커서 무엇이 되고
　　　　　　　싶나요?

재원 : 저는 바리스타가 되고 싶습니다.

재현 : 오, 바리스타! 정말 멋진 꿈을 갖고 계시군요! 그렇다면 시청자 여러분들께 바리스타는
　　　어떤 직업인지 소개 좀 부탁드릴게요.

재원 : 네. 바리스타는 이탈리아어로 '바 안에서 만드는 사람'이라는 뜻이에요. 바리스타는
　　　즉석에서 커피를 만들어 주는 커피 전문가를 말합니다.

재현 : 정말 멋진 직업이네요. 커피 전문가! 재원 씨와 굉장히 잘 어울릴 것 같아요. 어떻게 커피
　　　전문가를 꿈꾸게 되셨나요?

재원 : 저희 삼촌이 작은 카페를 운영하는 바리스타예요. 삼촌이 커피 가게에서 커피를 내리는
　　　모습이 멋있어 보여서, 저도 바리스타가 되고 싶다고 생각했어요.

재현 : 멋진 카페에서 재원 씨가 내려 주는 커피를 마시는 날이 빨리 왔으면 좋겠어요! 인터뷰에
　　　응해 주셔서 감사합니다!

재원 : 네 감사합니다.

리포터 놀이 스피치 코칭법

1 리포터 놀이를 할 때는 밝고 힘차게 말할 수 있도록 해 주세요.

리포터의 이미지는 밝고 활기찹니다. 딱딱하고 신뢰감을 주는 목소리보다는 친근하고 친절한 화법을 사용합니다. 리포터 인터뷰 촬영을 할 때 리포터는 밝고 힘차게 할 수 있도록 지도해 주세요.

2 리포터에게는 질문하는 능력과 풍부한 리액션이 필요해요.

리포터 역할을 할 때는 사전에 몇 가지 질문들을 미리 대본으로 만들어 놓습니다. 인터뷰하는 사람의 답변을 잘 듣고 적절한 리액션을 해 주는 것이 가장 중요합니다. 일방적으로 질문하고 기계적으로 답변하는 것은 소통이라 보기 어렵습니다.

아이들은 처음에 다른 사람의 말을 듣고 그에 맞는 반응을 하는 것을 어색해할 수 있습니다. 그럴 때는 상대방의 말을 한 번 더 언급해 주거나, 답변을 듣고 느낀 주관적인 감정을 사용해 다음의 리포터처럼 반응할 수 있도록 유도해 주세요.

리포터 : ○○ 씨는 커서 무엇이 되고 싶나요?
답변 : 저는 바리스타가 되고 싶습니다.
리포터 : 오 바리스타! (★상대의 답변 언급) 정말 멋진 꿈을 갖고 계시는군요!
　　　　 (★주관적 감정) 그렇다면 시청자 여러분께 바리스타는 어떤 직업인
　　　　 지 소개를 좀 부탁드릴게요.

다음의 말에 어떤 반응을 하면 좋을지 아이와 함께 연습해 보세요.

"저 어제 배가 너무 아팠어요."

➜ 리액션 : _____

"열심히 공부했더니 성적이 많이 올랐어요."

➜ 리액션 : _____

💬 소통 능력을 기르는 경청 게임

상대와의 소통을 위해서는 잘 들어 주는 것이 중요합니다. 하지만 듣기만 한 다고 해서 소통이 되는 것은 아니죠. 말을 하는 기술만큼 상대의 말을 잘 듣고 반응해 주는 '경청'의 기술도 아주 중요합니다. 게임을 통해서 주의 깊게 듣는 연습을 해 봐요.

경청 게임 방법
1. 사진을 준비합니다. 2. 한 사람은 인쇄된 사진을, 한 사람은 빈 종이를 가집니다. 3. 사진을 가진 사람이 사진을 보여 주지 않고 오로지 말로만 사진을 설명합니다. 4. 상대의 이야기를 주의 깊게 듣고 설명하는 대로 그림을 그려 봅니다. 5. 설명을 듣고 그린 그림과, 실제 사진이 얼마나 비슷한지 비교해 봅니다.

다음 그림을 말로만 설명해 주세요.

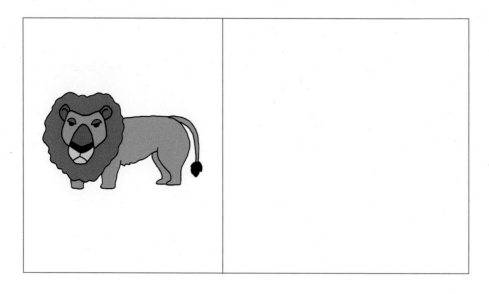

리포터놀이 ❷ – 현장 취재 편

우리 가족 여름휴가 스케치!

리포터는 현장으로 직접 취재를 나가기도 합니다. 맛집을 찾아가거나, 휴가철 사람들이 많이 모이는 곳으로 취재를 나가 시민들을 인터뷰하기도 합니다.

가족과 여행을 가거나, 외부 활동을 하면서도 인터뷰 놀이를 할 수 있습니다. 스피치 훈련도 하고 영상으로 추억을 기록하는 것도 좋은 방법이겠죠?

● 여름휴가 스케치 사례 영상 ●········

Work Book

꿈 인터뷰하기

● **리포터 대본 :** 다음의 생각풍선을 참고해서 리포터 대본을 만들어 보세요.

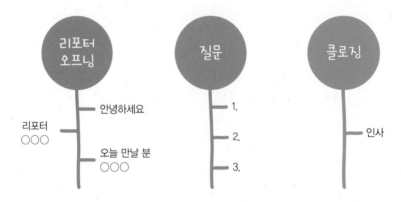

● **답변자 대본 :** 다음의 질문에 대한 답변을 생각풍선으로 작성해 본 후, 인터뷰를 촬영해 보세요.

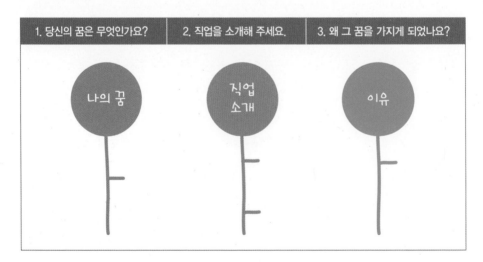

현장 취재하기

가족과 함께 즐거운 나들이를 가거나, 외식을 하기 전에 영상을 촬영할 계획을 세워 보세요. 유명한 장소를 소개하거나 맛있는 음식점을 소개하는 TV프로그램처럼 아이가 직접 진행자가 되어 영상을 촬영할 계획을 함께 세워 보세요. 생동감 있는 영상으로 추억도 남기고 스피치 훈련도 할 수 있답니다.

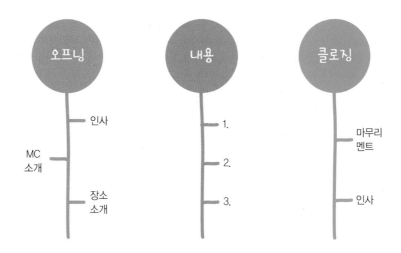

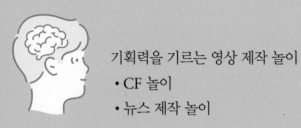

기획력을 기르는 영상 제작 놀이
- CF 놀이
- 뉴스 제작 놀이

제7장

기획력
코딩

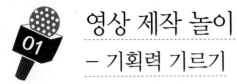

영상 제작 놀이
– 기획력 기르기

이제 직접 방송을 만들어 볼 차례입니다.

CF란 영상으로 제작된 홍보물을 말합니다. CF는 영상 매체를 통해 동시에 여러 사람에게 상품 또는 서비스를 홍보하여 더 많은 소비자들에게 제품을 알려 많이 구매하도록 설득시키기 위해 사용됩니다. 즉, CF는 설득 매체입니다. 어떻게 하면 많은 사람들을 설득시킬 수 있을까요?

키즈 스피치 CF 제작 실습 시간에는 크게 두 가지의 CF를 촬영합니다.

1. 상업광고

2. 공익광고

상업광고가 특정 제품이나 서비스의 우수성을 알려 해당 기업의 이익을 위해 제작되는 영상이라면, 공익광고는 나라와 국민 전체의 이익을 위해서 만드는 광고를 말합니다.

📽 CF 찍고 놀자!

💬 기획력을 기르는 상업광고 만들기

CF를 찍기 위해서는 다음과 같은 과정을 거칩니다. 아래의 예시들은 아이들이 직접 작성한 기획안입니다.

❶ 제품 분석

광고할 제품을 분석하고 광고할 제품의 경쟁사 제품도 함께 분석합니다. 자사와 경쟁사의 제품을 비교하여 자사 제품을 알리기 위한 전략을 세웁니다. 이때, 경쟁사보다 우수한 점은 어떤 것이 있는지 알아보고 그 부분이 잘 드러나도록 CF를 제작해야 소비자들을 설득시킬 수 있답니다.

제품명	허니버터칩
제품 종류	과자
소비 연령대	10대
제품 장점	1. 생감자로 만들었다. 2. 꿀을 바른 것처럼 달콤하다.
경쟁사 제품 분석	
제품명	스윙칩
제품 특징	1. 짭짤하다. 2. 달콤하지 않다. 3. 아이들이 먹기에 약간 맵다.
경쟁사 제품과 비교하여 우리 제품을 알리기 위해 어떤 점을 알리면 좋을까?	
1. 생감자로 만들어져 건강한 식품이라는 것을 알린다. 2. 꿀처럼 달콤하다는 것을 표현한다.	

❷ 광고 기획서 작성

제품의 장점을 부각시켜 줄 이야기를 만들어 보세요.

광고 종류	TV 광고
제품 장점	꿀에 빠진 것처럼 달콤한 감자칩
광고 제목	꿀에 빠진 감자칩! '허니버터칩'
줄거리	생감자가 앞으로 다가오다가 갑자기 펑 하고 터지면서 감자칩이 된다. 그 감자칩이 꿀단지에 빠지는 장면을 보여 줘 '꿀에 빠진 허니버터칩'이라는 점을 강조한다.

❸ 스토리보드 만들기

기획서가 완성이 되었다면, 스토리보드를 작성합니다.

스토리보드란 제작진이 광고의 내용을 쉽게 이해할 수 있도록 광고 내용을 장면마다 그림으로 시각화한 서식을 말합니다. 즉, 광고 전체 내용이 이해될 수 있도록 촬영할 장면을 그림으로 표현하고, 장면 내용, 대사 등을 작성합니다. 스토리보드를 바탕으로 촬영감독은 영상을 촬영하고 배우들은 연기를 한답니다.

● 광고 제목 : 꿀에 빠진 허니버터칩

영상 설명	화면 그림	소리(대사)
#1. 꿀 등장		배경음악

#2. 얼굴이 그려져 있는 감자 등장		내레이션 : 올여름! 감자가 다가온다!
#3. 감자가 무섭게 다가온다.		감자 클로즈업 : (비명소리) 꺅!
#4. 감자가 펑 하고 터지며 허니버터칩 등장		배경음악
#5. 꿀단지에 감자칩이 빠진다.		내레이션 : 꿀에 빠진 감자칩!
#6. 감자, 꿀, 감자칩 모두 등장		내레이션 : 허니버터칩!

❹ 촬영

스토리보드를 참고하여 실제 영상을 촬영해 봅니다. 촬영이 끝나면 어플리케이션을 활용해 배경음악, 자막, 효과 등을 입혀 실제 광고처럼 제작해 보세요.

❶ 제품 분석　　❷ 광고 기획　　❸ 스토리 보드　　❹ 촬영　　❺ 편집

이렇게 5단계의 영상 제작 과정을 거쳐 완성된 광고 영상입니다.

자녀와 함께 감상해 보세요! 더 멋진 광고 영상을 만들어 볼 수 있겠죠?

● 꿀에 빠진 허니버터칩 감상하기 ●

💬 공익광고

아이들과 함께 '학교에서 지켜야 할 규칙'을 주제로 공익광고를 만들어 보았습니다. 먼저 조별로 기획 회의를 통해 학교에서 지켜야 할 규칙을 선별합니다. 그리고 선별한 규칙들을 학생들이 이해하기 쉽도록 각각의 내용이 잘 드러나는 스토리를 만듭니다.

❶ 아이디어 회의

광고 종류	공익광고
광고 주제	학교에서 지켜야 할 규칙
주 시청자	○○초등학교 전교생
내용	학교에서 지켜야 할 규칙 세 가지 1. 복도에서 뛰지 않기 2. 비속어 사용하지 않기 3. 심하게 장난치지 않기

❷ 스토리보드 만들기

● 광고 제목 : 학교에서 꼭 지켜야 할 규칙 세 가지		
영상 설명	**화면 그림**	**소리(대사)**
#1. 복도에서 뛰지 않기 두 학생이 복도에서 달리기 시합을 하다가 다른 학생과 충돌한다.	YOONSPEECH	(달리기 전) 여학생 : 교실까지 뛰어가서 　　　　지는 사람이 　　　　떡볶이 사는 거다! 남학생 : 그래!
#2. 복도에서 뛰지 않기 아나운서 등장	YOONSPEECH	아나운서: 복도에서 뛰면 안 돼요! 복도에서 뛰면 다칠 수 있으니 복도에서 뛰지 마세요.
#3. 비속어 사용하지 않기 장난치다 책을 찢는다. 비속어를 사용하는 척한다.	YOONSPEECH	내레이션 : <u>교실에서 작은 다툼이 벌어지고 있습니다.</u>
#4. 비속어 사용하지 않기 아나운서 등장	YOONSPEECH	아나운서 : 학교에서 욕하면 안 돼요!
#5. 심하게 장난치지 않기 한 친구가 계단에서 살금살금 내려와 앞서가던 친구를 놀라게 했는데, 아이가 계단에서 굴러떨어진다.	YOONSPEECH	넘어지는 친구 : 으악!
#6. 심한 장난 치지 않기 아나운서 등장	YOONSPEECH	아나운서 : 학교에서 절대로 장난치면 안 돼요!

완성된 '학교에서 지켜야 할 규칙' 공익광고를 감상해 보세요.

● 공익광고 감상하기 ●

Work Book

제품 광고 놀이

 홍보하고 싶은 제품을 정해 광고를 만들어 보세요! 아래의 워크북을 작성하고 직접 촬영한 후 편집해 나만의 개성 있는 광고를 만드세요.

1. 기획회의

제품명	
제품 종류	
소비 연령대	
제품 장점	
경쟁사 제품 분석	
제품명	
제품 특징	

경쟁사 제품과 비교하여 우리 제품을 알리기 위해 어떤 점을 알리면 좋을까?

2. 광고 기획서 작성

광고 종류	
제품 장점	
광고 제목	
줄거리	

Work Book

3. 스토리보드 만들기

● 광고 제목 :		
영상 설명	화면 그림	소리(대사)

공익광고 놀이

💬 주제 : 우리 집에서 지켜야 할 예절

'우리 집에서 지켜야 할 예절'을 주제로 공익광고를 만들어 보세요.

1. 아이디어 회의

광고 종류	
광고 주제	
주 시청자	
내용	

2. 스토리보드 만들기

● 광고 제목 :

영상 설명	화면 그림	소리(대사)

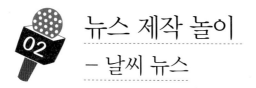

뉴스 제작 놀이
– 날씨 뉴스

🎬 뉴스 영상 찍고 놀자!

아이들은 직접 영상을 제작하고 촬영해 보는 것을 흥미로워합니다. 광고 이외에도 아이들의 번뜩이는 아이디어를 활용해 여러 가지 주제로 영상을 제작해 볼 수 있습니다.

다음은 중평초등학교 학생들이 직접 제작한 날씨 예보 뉴스의 제작 과정입니다.

1. 아이디어 회의

프로그램 종류	날씨 뉴스
출연자	아나운서, 리포터, 기상캐스터, 시민 1, 시민 2

감독을 맡은 조장 아래 모두 모여 아이디어 회의를 한 후 날씨 뉴스 프로그램을 구상합니다.

2. 생각풍선 스토리보드

영상에 대사가 많은 경우, 생각풍선으로 스토리보드를 작성하는 것이 효율적입니다.

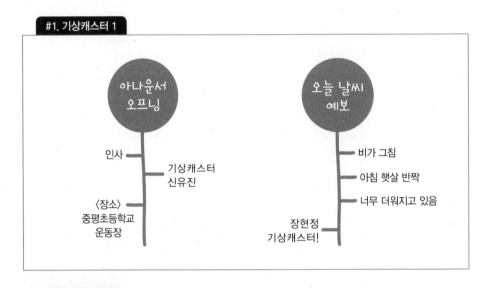

#1. 기상캐스터 1

아나운서
오프닝

인사
기상캐스터
신유진

〈장소〉
중평초등학교
운동장

오늘 날씨
예보

비가 그침

아침 햇살 반짝

너무 더워지고 있음

장현정
기상캐스터!

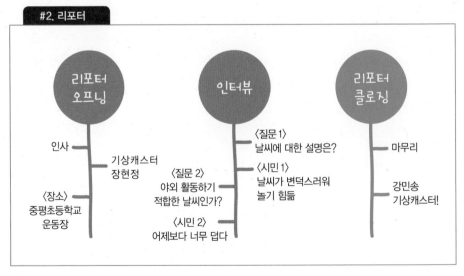

#2. 리포터

리포터
오프닝

인사
기상캐스터
장현정

〈장소〉
중평초등학교
운동장

인터뷰

〈질문 2〉
야외 활동하기
적합한 날씨인가?

〈시민 2〉
어제보다 너무 덥다

〈질문1〉
날씨에 대한 설명은?

〈시민 1〉
날씨가 변덕스러워
놀기 힘듦

리포터
클로징

마무리

강민송
기상캐스터!

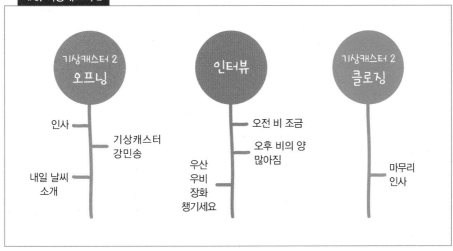

#3. 기상캐스터 2

기상캐스터 2
오프닝

인사

기상캐스터
강민송

내일 날씨
소개

인터뷰

오전 비 조금

오후 비의 양
많아짐

우산
우비
장화
챙기세요

기상캐스터 2
클로징

마무리
인사

3. 촬영 및 편집

생각풍선을 활용해 스토리보드를 작성하고 대사를 머릿속에 코딩한 후 촬영했습니다. 모든 친구들이 대본 없이도 실제 방송인처럼 너무나 멋지게 기상 뉴스를 전해 주었답니다. ● 날씨 뉴스 감상하기 ●┄┄┄┄┄┄

Work Book

이번에는 정해진 뉴스 원고를 읽는 것이 아니라 직접 뉴스 원고를 작성해서 뉴스를 만들어 보세요.

💬 우리 집 NEWS

이번에는 뉴스 대본을 생각풍선으로 작성하지 않고 직접 기사글로 작성해 보세요. 한 주 동안 우리 집에서 일어났던 특별한 일을 기사로 작성해서 뉴스 영상을 촬영해 보세요. 기초훈련에서 아나운서 놀이까지 했던 발음 훈련을 기억하며 아나운서 영상을 찍어 보세요.

우리 집 뉴스 예시

안녕하세요. 우리 집 NEWS 아나운서 윤소윤입니다.

오늘은 지난주에 있었던 소식을 전해 드리도록 하겠습니다.

지난주 주말 소식입니다. 소윤이네 식구들은 할머니 생신을 맞아 할머니 댁인 부산을 방문했다고 합니다. 온 가족이 모여 해운대 횟집에서 싱싱한 해산물과 해물탕을 먹은 뒤, 소윤이가 몰래 준비한 생일선물을 건네자 할머니가 박수를 치며 기뻐하셨다고 합니다. 이날은 3년 만에 한 명도 빠짐없이 온 가족이 모여 더욱 뜻깊은 하루였다고 합니다. 이상 우리 집 뉴스 아나운서 윤소윤이었습니다. 시청해 주셔서 감사합니다.

● 직접 우리 집 뉴스를 작성해 보세요.

우리 집 뉴스 원고

안녕하세요. 우리 집 뉴스 아나운서 _____ 입니다.

이상 우리 집 뉴스 아나운서 _____ 이었습니다.
시청해 주셔서 감사합니다.

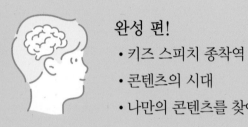

완성 편!

- 키즈 스피치 종착역
- 콘텐츠의 시대
- 나만의 콘텐츠를 찾아라

제 8 장

통합사고
코딩

창의력, 소통 능력, 기획력, 스피치 실력을 한 방에! 크리에이터 놀이

"엄마! 나 크리에이터가 될래."

"어머, 커서 크리에이터가 되고 싶어?"

"아니! 커서 말고 지금 당장!"

요즘 초등학생들의 장래희망 중 '유튜버'와 '크리에이터'가 1위로 꼽히는 것을 보며 시대가 변했음을 실감합니다. 실제 많은 학생들이 직접 영상을 제작하고 만들어서 유튜브에 올려 크리에이터로서 활동하고 있습니다. 이제 초등학생들 사이에서는 이것이 하나의 놀이문화로 자리 잡았습니다. 유튜브가 요즘 아이들의 온라인 놀이터인 셈이죠.

아이들이 영상을 직접 제작하는 것은 일종의 창작욕구로 보여집니다. 요즘 아이들은 환경적인 제한으로 밖으로 뛰어나가 친구들과 뛰어놀고, 자연과 어우러져 새로운 것들을 보고 만지며 놀기 어렵기 때문에 작은 스마트폰 속 온라인 세상에서 새로운 것을 보고 듣고 접하며 놀이욕구를 충족합니다.

게다가 요즘 아이들은 영상을 보는 것에서 그치는 것이 아니라 직접 영상을 기획, 촬영, 편집하여 자신이 만든 영상을 유튜브에 업로드하기도 합니다. 또한 다른 유튜버들의 영상을 보며 모방하고 학습하며 발전해 나갑니다. 다양한 영상 관련 어플리케이션을 어른보다 훨씬 능숙하게 다룹니다. 이러한 기술은 나이가 어리면 어릴수록 더욱 능숙하게 활용합니다. 나이가 어릴수록 기술의 발전과 변화가 스펀지처럼 흡수되기 때문입니다. 하지만 이러한 초등학생들의 놀이문화가 익숙하지 않은 부모세대에서는 이것이 새로운 문화라는 것은 알지만 내심 걱정이 되기도 합니다.

수업시간에 아이들의 이야기를 들어 보면, 영상을 찍어서 유튜브에 올리려는 아이와 못하게 말리는 엄마와의 갈등을 자주 전해 들을 수 있습니다.

"선생님, 우리 엄마는 제가 영상 찍으려고 하면 들어가서 공부하라고 소리 질러요! 얼마 전에는 아예 제 핸드폰을 뺏어 버렸어요!"

아이들과 함께한 스피치 수업에서 가장 참여도가 높은 수업은 '키즈 크리에이터' 체험 수업이었습니다. 영상을 만들기 위해서는 스스로가 주인공이 되어야 하고, 각자 알고 있는 유명한 크리에이터들처럼 언변이 뛰어나야 한다는 것을 알기 때문에 아이들은 스피치 수업을 눈을 반짝이며 듣습니다. 수업이 끝난 뒤, 아이들은 다음 주 수업시간이 되기도 전에 집에서 연습한 영상을 개인적으로 보내와서 고칠 것은 없냐고 물어보는 열정을 보이기도 합니다.

아이들이 영상을 제작해 유튜브에 올리는 것은 나를 드러내고 관심받고자 하는 욕구에서 비롯됩니다. '표현하고자 하는 욕구'가 생겼기 때문에 아이들은 표현할 만한 것을 찾고, 표현할 거리가 생기면 그것에 대해 공부하고 연구하기 시작합니다. 이때 스스로 학습한 정보들은 온전히 자신의 것이 됩니다. 공부하고 수집한 자료와 정보들을 완벽히 내 것으로 만들어 '말'이라는 출력 과정을 통해 표현해 냈기 때문입니다. 이 활동을 시작하면 아이들은 더 나은 것을 표현하고 창작하기 위해 끊임없이 발전하고자 노력합니다. 학습하고 내 것으로 만들어 말할 수 있는 훈련이 가능한 것, 키즈 스피치 교육에 있어 '크리에이터'는 가장 완성된 형태의 교육 콘텐츠라고 말할 수 있습니다.

영상 크리에이터는 '스피치' 그 자체입니다. 방송 놀이의 꽃이라고 할 수 있죠. 크리에이터 놀이는 앞서 훈련했던 창의력, 소통 능력, 기획력의 종착역입니다. 그냥 한때 아이가 흥미를 느끼는 놀이쯤으로 생각하지 말고, 엄마의 적극적인 관심과 지원이 있다면 이것은 자녀의 스피치 실력을 향상시킬 수 있는 절호의 기회입니다.

🗨 나만의 콘텐츠를 개발하라!

크리에이터는 직역하면 '창작자'를 뜻합니다. 오늘날 크리에이터는 동영상을 생산하고 업로드하는 창작자를 말합니다. 언론사의 방송인들과는 달리 1인 방송 시스템 안에서 본인이 기획, 촬영, 편집 후 업로드를 하고 나아가 자신이 만든 동영상을 매개로 불특정 다수의 사람들과 본인만의 커뮤니티를 만들어 가는 '커뮤니티 창조자' 역할도 동시에 감당합니다.

크리에이터들의 모든 콘텐츠는 '나'에 대한 질문에서부터 비롯됩니다.

대한민국 어린이의 새로운 대통령 〈캐리와 장난감 친구들〉의 캐리 언니의 경우에는 장난감을 잘 가지고 놀고 표현력이 풍부한 본인만의 스피치 능력을 살려 키즈 크리에이터가 되었습니다.

캐리 언니처럼 어른이 키즈 크리에이터가 되는 경우도 있지만 실제 어린이 크리에이터들도 많습니다. 대부분의 어린이가 주인공인 키즈 크리에이터 프로그램의 경우에는 부모님의 도움을 받아 진행됩니다. 하지만 마이린 TV의 주인공인 초등학생 마이린은 본인이 직접 촬영하고 편집까지 도맡아한다는 점에서 많은 초등학생들의 동경의 대상이 되기도 합니다.

이들은 자신의 생각을 거리낌 없이 표현하고, 자신만의 콘텐츠를 개발해 내기 위해 끊임없이 노력합니다. 다른 사람의 생각을 표현하는 것이 아니라 본인의 삶과 본인의 생각을 두려움 없이 표현합니다.

키즈 크리에이터가 되기 위해서는 아이가 가장 좋아하는 것이 무엇인지 함께 찾아보아야 합니다. 그리고 그것을 콘텐츠화하여 시청자들에게 잘 표현할 수 있도록 프로그램을 기획하고, 스피치 훈련을 통해 전달력을 높여야 합니다.

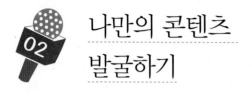

나만의 콘텐츠 발굴하기

키즈 크리에이터 놀이를 활용한 키즈 스피치 수업은 다음의 과정을 통해 진행됩니다.

1단계	콘텐츠 발굴
2단계	타 프로그램 분석하기
3단계	나만의 프로그램 기획하기

1단계 콘텐츠 발굴하기

나만의 콘텐츠를 발굴하기 위해서는 내가 어떤 사람인지 알아야 합니다. 크리에이터의 콘텐츠 발굴 작업은 자기 분석에서부터 시작합니다. 내가 좋아하는 것은 무엇인지, 내가 가장 잘할 수 있는 것은 무엇인지 등을 알아야 주체적으로 나를 드러내고 표현할 수 있기 때문입니다. 크리에이터가 되기 위한 자기 분석 과정은 진로 설계와 비슷합니다. 자신만의 장점을 찾는다는 것이 장래와 직결되기 때문이죠. 아이들 스스로 자신에 대해 고민하고 콘텐츠를 찾기는 쉽지 않습니다. 그럴 때 다음의 세 가지 질문을 던집니다.

1. 본인이 가장 좋아하고, 잘하고, 하고 싶은 일은 무엇인가요?
2. 요즘 가장 관심 있어 하는 것은 무엇인가요?
3. 남들보다 잘하는 것은 무엇인가요? 그것을 잘하기 위한 특별한 비법 세 가지는 무엇인가요?

이 질문을 받은 아이들은 고민에 고민을 거쳐 결국 자신만의 콘텐츠를 찾아 갑니다.

질문 1. 내가 좋아하고, 잘하고, 하고 싶은 것은 무엇인가요?

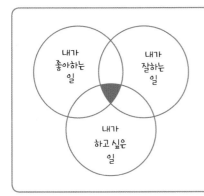

내가 좋아하지만 잘 못하는 일이 있습니다.
내가 잘하지만 좋아하지 않는 일도 있습니다.
정말 하고 싶지만, 잘 못하는 일도 있습니다.

내가 좋아하면서 가장 잘하고 앞으로 내가
꾸준히 하고 싶은 균형 있는 무언가를 찾는 노력이
필요합니다. 크리에이터의 콘텐츠는 이 삼박자가
고루 갖추어진 교집합의 콘텐츠를 찾아야 합니다.

질문 2. 요즘 내가 가장 관심 있어 하는 것은 무엇인가요?

아이들과 영상을 만들 소재를 찾을 때 가장 많이 하는 질문입니다. 아이의 최근 관심사를 활용해 그것을 콘텐츠화하는 게 가장 쉽기 때문입니다. 남학생들의 경우에는 게임에 관심이 많고, 여학생들의 경우에는 뷰티에 관심이 많습니다. 또 성별과 상관없이 때마다 유행하는 장난감이 꼭 하나씩 있기 마련이죠. 이것 또한 좋은 콘텐츠가 될 것입니다. 그냥 요즘 관심 있어 하는 취미라고만 생각할 것이 아니라, 관심 있어 하는 것들을 다른 사람들에게 설명하고 공유하는 영상을 찍어 보게 하는 것이 좋습니다.

질문 3. 내가 남들보다 잘하는 것은 무엇인가요? 그것을 잘하기 위한 특별한 비법 세 가지는 무엇인가요?

▶ 나는 다른 친구들보다 특별히 [   ] 을 잘한다.

▶ [   ] 을 잘하기 위한 나만의 비법 세 가지!

❶

❷

❸

누구나 선생님이 될 수 있습니다. 앞서 주제 스피치에서 살펴보았던 것처럼 배운 것을 타인에게 설명하는 것이 학습에 큰 도움이 됩니다. 악기나 블록 조립, 동화 구연 등 최근 아이가 배우고 있는 취미가 있다면 그것을 소재로 하여 아이가 선생님이 되어 가르쳐 보게 하는 건 어떨까요?

● 키즈 크리에이터 놀이로 성적도 올리고 스피치 훈련도 하자!

키즈 스피치 수업에서 크리에이터 체험을 한 채윤이는 크리에이터에 큰 흥미를 느끼고 엄마와 함께 집에서도 영상을 찍어 보기 시작했습니다. 영상 찍는 것을 흥미로워하는 채윤이를 위해 엄마는 크리에이터를 활용해 학습형 놀이를 개발해 진행했습니다. 채윤이가 재미있어하는 인형 소개하기, 네일아트하기, 집 소개하기 등의 영상을 찍기도 하고, 채윤이가 영어 강사가 되어 영어로 수업을 진행하는 영어 인터넷 강의를 찍기도 했습니다. 채윤이는 영어 선생님 역할을 하기 위해 영어를 더 열심히 공부하고, 영상을 찍으며 스피킹 연습도 할 수 있었어요. 이렇게 하여 영어 실력 또한 쑥쑥 향상되었답니다.

이처럼 키즈 스피치 수업에서뿐 아니라 집에서도 방송 놀이를 적극적으로 활용함으로써 채윤이의 스피치 실력 또한 놀랍도록 빠르게 성장했습니다. 그냥 발표해 보는 것보다 방송 영상을 촬영하게 되면 일상적인 대화가 아닌, 목적을 가지고 시청자를 대상으로 하는 공적인 스피치를 하게 되기 때문에 집에서 하는 훈련으로도 발표력이 향상되는 것입니다.

● 영어 스피치 활용사례 영상 ●········

나만의 콘텐츠가 정해졌다면 이제 같은 계통의 다른 프로그램들을 조사해 보고 나는 어떤 프로그램을 만들 것인지 계획을 세워야 합니다. '창작은 모방에서 시작된다.'라는 말이 있죠. 내가 따라 해 보고 싶은, 혹은 나와 비슷한 콘텐츠로 활동하는 크리에이터의 프로그램을 찾아 아래와 같이 분석 보고서를 작성해 봅니다.

● 키즈 크리에이터 프로그램 분석 보고서

프로그램명	
크리에이터 이름	
콘텐츠	
영상 길이	
주요 등장인물	
스피치 장점	

스피치 단점	
최종 분석	

3단계 나만의 크리에이터 프로그램 기획하기

크리에이터 영상을 찍기 전에 기획서를 작성해 보세요. 무턱대고 찍는 것보다 철저하게 계획하고 구성하면 더 멋진 영상을 만들 수 있습니다.

● 〈　　　　　　〉의 크리에이터 프로그램 기획서

프로그램명	
크리에이터 이름	
콘텐츠	

영상 길이	
주요 등장인물	
스피치 계획	예) 밝고, 경쾌하고, 힘차게 말한다. 설명하는 영상이기 때문에 천천히 발음을 정확하게 해야 한다.
스토리보드 생각풍선	

● 크리에이터 생각풍선 스토리보드 활용 사례

'장난감을 가지고 놀거나 만들기'라는 콘텐츠를 잡은 친구들은 '활동하면서 말하기만 하면 되는걸, 뭐!' 하며 카메라 앞에서 이야기하는 것은 식은 죽 먹기라고 여기고 스토리보드를 작성하지 않는 경우가 있습니다. 하지만 생각풍선 스토리보드를 작성하지 않고 막상 영상 촬영에 들어가면 3~5분가량의 시간 동안 쉬지 않고 이야기한다는 것이 그리 쉽지 않음을 알게 됩니다. 자유로워 보이는 영상일수록 구성이 탄탄해야 합니다.

　3학년 예주의 키즈 크리에이터 놀이 영상입니다. 다음의 키즈 크리에이터 기획서를 바탕으로 하여 키즈 크리에이터를 찍었답니다. 예주는 스토리보드를 생각풍선으로 작성하고 전체적인 구성과 멘트를 머릿속에 코딩한 뒤 영상을 촬영해 매끄럽게 진행해 나갔습니다.

프로그램명	쿠팡의 만들기 교실
크리에이터 이름	쿠팡
콘텐츠	종이접기
영상 길이	5~10분
주요 등장인물	쿠팡
영상 진행 방식	색종이로 코끼리 접는 방법을 소개한다.
스피치 계획	밝고, 경쾌하고, 힘차게 말한다. 설명하는 영상이기 때문에 천천히 정확하게 발음해야 한다.

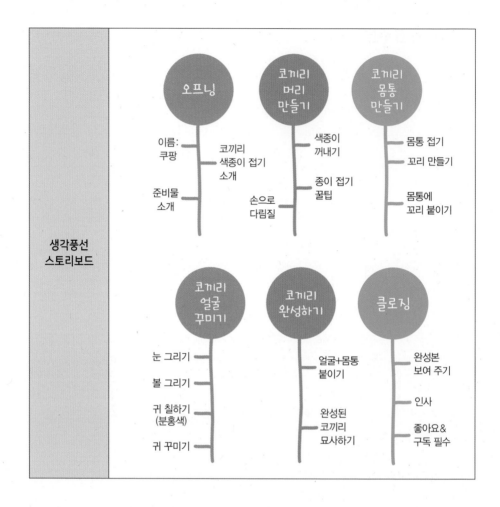

**생각풍선
스토리보드**

예주가 너무나 자연스럽게 말을 이어 나가는 모습에 혹시 특별한 대본 없이 말하는 것인가 하고 생각할 수 있겠지만 철저하게 계획하고 꼼꼼하게 생각풍선을 작성해 만들어진 영상이랍니다. 키즈 크리에이터 놀이에서 나만의 영상을 만들 때 가장 중요한 것은 꼼꼼하게 기획하는 일입니다.

● 허예주의 만들기 교실 감상하기 ●

● 플라의 플루트 교실

다음은 관심사를 통해 나만의 콘텐츠를 발굴하고 크리에이터 제작 3단계를 거쳐 크리에이터 영상을 제작한 초등학교 2학년 친구의 사례입니다.

1단계 **콘텐츠 발굴하기**

질문 1. 내가 좋아하고, 잘하고, 하고 싶은 것은 무엇인가요?

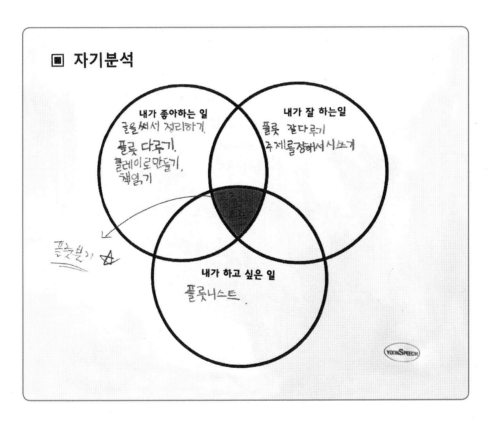

질문 2. 요즘 내가 가장 관심 있어 하는 것은 무엇인가요?

▣ **내가 최근에 가장 관심 있어 하는 콘텐츠**

플룻 불기

▣ **평생 이것만 하고 살면 좋겠다!**

플룻을 불고 작곡·작사 만하면좋겠다.

질문 3. 내가 남들보다 잘하는 것은 무엇인가요? 그것을 잘하기 위한 특별한
비법 세 가지는 무엇인가요?

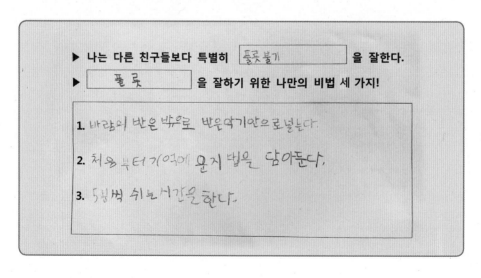

▶ 나는 다른 친구들보다 특별히 [플룻불기] 을 잘한다.
▶ [플 룻] 을 잘하기 위한 나만의 비법 세 가지!

1. 바람의 반은 밖으로 반은악기안으로널는다.

2. 처음부터 기억에 운지 법을 담아둔다.

3. 5번씩 쉬는시간을 한다.

[키즈 크리에이터 분석 보고서]

내가 좋아하는 유튜브 크리에이터를 분석해 봅시다.

프로그램명	슬라임 놀이
크리에이터 이름	캐리
콘텐츠	장난감으로 놀면서 말하기.
영상 길이	7~10분
주요 등장인물	개리
영상 진행방식	오프닝 → 장난감 소개 → 놀기 → 마무리.
스피치 장점	귀엽다. 크다. 신난다.
스피치 단점	노래가 없어서 좀 시끄럽다.
최종 분석	노래가 내영상에는 직게 나왔으면좋겠다. 플룻으로연주를하고 설명을 하고싶다.

크리에이터 제작 실습

프로그램명	플룻 음악 TV
크리에이터명	플라
방송 장르	음악
방송 컨셉	선생님
프로그램소개	안 녕하세요. 플라 에요. 오늘은 플룻을 어떻게 다루어 제가 연주해 볼게요. (보고)
영상길이	3분
준비물	플룻, 플룻 악보, 손수건, 플룻 청소도구, 카메라 다는 마이크.

프로그램 구성 생각풍선

오프닝 → 프로그램 소개 → 준비물 → 진행 방식

인사: 안녕하세요. 플라 에요.

플룻을 어떻게 다루어 보고 연주해 볼게요.

플룻, 플룻 음폴레이어 플룻악보도 필요. 손수건, 플룻청소도구, 다는 마이크, 카메라 가 필요해요.

인사 + 플룻 정오및 설명 내가 플룻 연주, 마무리.

→ 마무리

인사 그럼 다음에 봐요!

플룻을 잡는 Tip
1. 바람의 반은 밖으로 반은 악기 안으로 넣는다
2. 처음부터 기어에 운지법을 담아둔다.
3. 5분씩 쉬는 시간을 가진다.

플룻 청소법
1. 청소도구에 손수건을 끼운다.
2. 악기 구멍에 넣어요.
3. 청물은 바쁜을 깨끗하게 닦고 넣으면, 끝!

플룻부기

선생님확인

● 플라의 플루트 교실 감상하기 ● ⋯⋯⋯⋯⋯

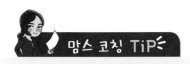
다양한 콘텐츠로 스피치 훈련하기

❶ 장난기 가득한 아들! 엉뚱한 아이디어가 넘치는 딸! 모두 OK!

장난기 많은 아이들은 독특한 아이디어를 내기도 합니다.

만들기를 하긴 하는데 돌도끼를 만들어 보겠다거나, 요즘 달리기에 관심이 생겼으니까 직접 달려 보겠다거나 하는 등 난감한 아이디어를 내는 친구들도 있습니다. 그때 '그거 말고 다른 거 해 보자.' 하고 다른 것을 유도하는 것보다 엉뚱한 아이디어도 환영해 주세요.

아이가 관심 있는 것부터 시작하는 것이 좋습니다. 관심 있어 하는 것을 위주로 시작해 차차 엄마가 가르쳐 주고 싶은 활동으로 이어질 수 있도록 유도해 주세요.

❷ 다양한 콘텐츠를 발굴해 스피치 훈련을 해 보세요.

유튜브에서 가장 인기 있는 '먹방'을 주로 시청하는 친구들은 직접 '먹방'을 찍어 보고 싶어 합니다.

'먹방'은 먹는 것을 영상을 찍어서 시청자들의 식욕을 자극하는 프로그램을 말합니다. 시청자들은 크리에이터들의 먹는 모습을 보며 대리만족을 합니다.

'먹방'은 아이와 표현력을 훈련하기 좋습니다.

내가 맛있게 먹어서 다른 사람들에게 '나도 먹고 싶다!'라는 생각이 들도록 해야 합니다. 보기만 해도 침이 고일 수 있도록 음식의 모양부터 맛까지 모두 말로 표현할 수 있도록 해 주세요. 또 요리된 음식을 먹는 것 말고도 주말을 활용해 〈요리 교실〉과 같이 과정을 설명해 볼 수 있는 영상을 제작해 보는 것도 좋습니다.

실전

스피치 고수가 되다, 키즈 크리에이터 놀이 워크북

1단계 **콘텐츠 발굴하기**

질문 1. 내가 가장 좋아하고, 잘하고, 꾸준히 하고 싶은 일은 무엇인가요?

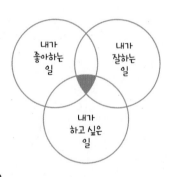

질문 2. 요즘 가장 관심 있어 하는 것은 무엇인가요?

질문 3. 내가 남들보다 잘하는 것은 무엇인가요? 그것을 잘하기 위한 특별한 비법 세 가지는 무엇인가요?

▶ 나는 다른 친구들보다 특별히 [ ]을 잘한다.

▶ [ ]을 잘하기 위한 나만의 비법 세 가지!

❶

❷

❸

질문 4. 어떤 키즈 크리에이터 영상을 찍어 보고 싶나요?

세 가지 질문에 답하면서 자신이 가장 흥미 있는 소재를 골라 보세요.

2단계 다른 키즈 크리에이터의 프로그램 분석하기

● 키즈 크리에이터 프로그램 분석 보고서

프로그램명	
크리에이터 이름	
콘텐츠	
영상 길이	
주요 등장인물	
스피치 장점	
스피치 단점	
최종분석	

● 〈   의 프로그램 기획서〉

프로그램명	
크리에이터 이름	
콘텐츠	
영상 길이	
주요 등장인물	
스피치 계획	
스토리보드 생각풍선	

꼼꼼히 기획했다면 이제 촬영을 통해 크리에이터가 되어 보세요!

"타임머신을 타고 과거로 갈 수 있다면 언제로 가고 싶어?"

"태어나기 전이요."

"왜?"

"제가 어디서 왔는지 궁금해요."

태어나기 전으로 가고 싶다고 익살스럽게 웃는 아이를 보며 여덟 살 장난꾸러기 남자아이의 장난이겠거니 하고 별 기대 없이 이유를 물었습니다. 그런데 뜻밖의 기발함에 오늘도 보란 듯이 뒤통수를 맞습니다.

아이들과 수업하며 가장 많이 배우는 것은 사실 제 자신입니다. 아이들의 입에서 쏟아지는 기발한 생각과 창의적인 표현을 듣고 있노라면 전혀 다른 세상에 온 기분이 듭니다. 이런 아이들을 만날 때면 지금의 이 번뜩이는 창의력을 성인이 될 때까지 유지할 수 있도록 지켜 주어야 한다는 사명감에 가슴이 뜨거워집니다. 어떤 아이도 자유로이 목소리를 내고, 어떤 생각도 존중받을 수 있는 환경은 어른들이 만들어 주어야 합니다.

아이를 말 잘하는 아이로 키우고 싶다면 엄마가 언제고 달려가 수다를 떨고 싶은 가장 친한 친구가 되어 주세요. 엄마는 엄마이기 때문에 아이의 스피치 코치로서 이미 충분한 자격이 있습니다.

이 책을 통해 보석 같은 아이의 가능성을 끌어내는 작업을 온 가족이 함께할 수 있었으면 합니다. 모든 아이들은 무한한 가능성을 가지고 있습니다.

어떤 아이도 충분히 잘 해낼 수 있습니다. 여유를 가지고 진심으로 아이와 대화하고 소통해 주세요. 각 가정에 한 아이만을 위한 키즈 스피치 전문가가 탄생하기를 간절히 소망하며 이 책을 썼습니다.

오늘도 생각코딩 스피치를 통해 세상의 모든 아이가 자신의 생각을 거리낌 없이 표현하고, 있는 그대로 사랑받는 세상을 꿈꿉니다.

엄마가 알려주는 우리 아이 스피치

세상에 발표 못하는 아이는 없다

초판 1쇄 인쇄 2020년 6월 25일
초판 1쇄 발행 2020년 6월 30일

저 자   윤소윤
펴낸이   김호석
펴낸곳   도서출판 린
편집부   박은주, 김지운
마케팅   오중환
관리   한미정

주소   경기도 고양시 일산동구 장항동 776-1 로데오메탈릭타워 405호
전화   02) 305-0210
팩스   031) 905-0221
전자우편 dga1023@hanmail.net
홈페이지 www.bookdaega.com

ISBN 979-11-87265-60-3 03320